近代日本の地域と自治

近代日本の地域と自治

――新潟県下の動向を中心に――

芳井研一著

知泉書館

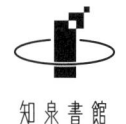

目次

近代日本の地域と自治

——新潟県下の動向を中心に——

序　章

一　はじめに

本書は、近代日本の地域と自治をめぐる問題について、主として新潟県下の動向を中心に検討することを課題としている。近代日本では中央集権的な地方自治体制が築かれていたので、欧米のような自治は育たなかったといわれる。住民は一貫して国家統治の対象であり、自律的な自治を実現することが出来なかったという一般的な理解は、これまでの近代自治体制史研究のなかで明らかにされてきたことである。そもそも明治憲法体制においては、国家が地方を統治する基本体制を地方自治と呼んでいた。

地方自治制に関する研究成果を振り返ってみても、なお日本の近代国家が作り上げた中央集権的な地方自治体制はそれなりに強固であり、住民の自治を求める様々な要求を押さえ込んでいったことがいささか強調されすぎているように思える。あるいは住民の自治をめぐる問題に焦点化された研究が少ないという状況がある[1]。

そこで本書は、近代日本の地方自治制の下で立ち現れてくる地域社会における自治の有り様を探り、再生し、位置づけるという作業の一環を担うこととする。そのために公空間、生活自治、議会の機能という三つの側面に沿ってアプローチしたい。

二　公空間と生活自治

公空間や生活自治とは耳慣れない言葉である。あえてこの造語を使うことによって近代日本の地域に根ざした様々な問題を、より実態的に、より動態的に分析できると考え、本書で使用する。

一般的にいうと近代日本における「公」という用語は、国家、政府、あるいは天皇を意味する言葉として使われてきた。帝国議会や官僚機構などを含む公権力、国家や天皇にまつわる組織や法はすべて「公」とみなされた。対する「私」は、きわめて個人的な一身に関することと考えられた。この分け方からすると生活を営む空間はすべて私空間となる。

一方、ハーバーマスの『公共性の構造転換』等で用いられるようになった「公共」「公共性」「公共圏」という用語がある。この場合の公共とは、「市民的公共性」を指す。「公論」（公共の意見、世論）とは一七世紀後半のイギリスや一八世紀のフランスで人々の話題になったものであるが、ハーバーマスは、より一般的な歴史的カテゴリーとして使うことも意図している。(2) 市民が公権力に対抗してつくりだす公共の議論であり、「文芸的公共性」とも名付けられる。いずれも市民による公権力への対抗概念として用いられる公共性であるという意味ではすでに価値判断が含まれているといえる。(3) この用法は、国家や国民という枠に拘束されない使い方が出来るという意味では地域と自治の問題を考えるために有効であるが、あらかじめあるべき「市民社会」が想定されているとすれば、動態的な分析にはなじみにくくなってしまう。

たとえば花田達朗が公共圏のヘゲモニーをめぐって支配的公共圏に対して対抗公共圏の形成を問題とする場合

がそれである。対抗公共圏の概念は今日の「新しい社会運動」のようなものが想定されている(4)。新しい公共圏を創出したいという意図はよく理解できるが、二つの公共圏を対立させるという枠組みでは、逆に「公」が含み持つダイナミズムがとらえにくくなりそうである。

このように整理すると、「公」も「公共」も歴史的にはある価値をまとった用語としてすでに定着しているように見える。ただ本書ではそれらの経緯を踏まえつつも、従来用いられている用法にとらわれないで「公空間」という用語を用いる。「公」と「公共」は近代において深く交わっており、そのことを現実として俎上にのせる必要があるからである。

そのような公空間は現実には存在することが出来ないし、時代や場所によって中身も変化する。ある時期と場所において公空間は民主主義を指す場合もあるし、人権の場合もある。平和や平等の場合もある。戦時期には戦争遂行が公空間の目標とさえなった。

他方、「生活」という用語を使う際の引証基準は、地域で暮らす住民の生活が維持されつつ向上し、等しく幸福を得られるかどうかにある。そこには生存権や生活権、人権など人々が生活を維持していくために必要不可欠な社会環境のもろもろが含まれる。なおかつそれらに向けての住民の主体的取り組み如何という問題がある。したがってこの場合の公空間とは天皇制的秩序等ではなく、誰がどのように住民の「生活」をより良く実現出来るかをめぐって争われる空間となる。その際に、すべての地域住民が一切の差別を受けることなく健康で文化的な生活を自治的に維持する過程を生活自治と呼ぼう。すなわち住民が生活現実に即して最も必要と考えられる課題を、地域の自治を通して自律的に組み立てつつ解決していく状態が、地域社会における生活自治なのである。

住民が生活現実を通してどのように公空間に向き合い、自らの価値観を鍛えていくかという問題もそこに含まれる。住民は、すでに身体化している価値観を見つめ直し、必要に応じて自らを変化させる可能性を持つ。あらゆる社会諸集団は、生活の維持のために必要不可欠な課題を公空間に求めて競合する過程で、自らを変成しうる。であれば生活自治をめぐる諸課題を検討することこそ必要となる。かつて拙著において、歴史的課題に沿って結合する可変的な地域として「地域」を意味づけた。(5) 公空間や生活自治をめぐる問題の所在も、状況に応じて変化する可変的なものであることに留意したい。

このような視点に立つと、近代日本の地域社会研究のなかでとくに運動史的研究の数々の業績が参照される必要がある。地域社会では、様々な目標を掲げた諸活動が取り組まれた。(6) それらの成果を踏まえつつも、従来の研究では必ずしも意識されてこなかった公空間と生活自治という枠組みに沿って、地域と自治をめぐる具体的問題を探るのが本書の目的である。

三　議会の機能

アマルティア・センによると、人々が飢餓に陥るのは食糧供給量が減少するためというより十分なセイフティネットがないからだという。必要なのは公共行動であるが、国家によるものだけではなく、人々が自ら行動することが重要で、たとえば人々が救済政策を要求し、行政が社会的・物理的インフラストラクチャーを整備する方向にむかわせ、必要に応じて政府を責任のあるものに変えることなどが含まれる。共同体の相互扶助を基盤としつつも、そのような公共行動なしには貧困も飢餓も克服できないとする。(7)

それでは公共行動の担い手はどこに求められるか。鶴見和子は、地域を単位とする内発的発展の推進者がそれであり、普通の生活者のひとりひとりや政策をたてる人などそれぞれがキーパーソンなのだと柳田国男をひきつつ強調する。(8) 南方熊楠が「一つの地域小社会の住民が、その地域社会の自立を守る強固な意志をもたなければ」自治を守ることは出来ないと考えたことに賛同する。(9) このような先学による枠組みの提示は、大変貴重な成果であると考える。

ただセンも、鶴見や南方も、公共行動とその担い手には言及するが、目標に至るプロセスを具体的に描いている訳ではない。たとえば担い手としてのボランティアや行政担当者がどれだけ優れていて数が多くても、それが問題解決に必ずしも直接つながるわけではない。やはり何らかの組織が課題を担い、持続的に取り組みつつ問題を解決していく枠組みが必要であろう。近代がつくりだした国民国家や自治体の機能に改めて注目せざるを得ない所以である。とくに公空間をめぐるせめぎ合いと生活自治の視点に立つと、県議会・郡議会・市町村議会の機能を振り返り、近代日本史のなかに再生する必要性があろう。従来そのような問題意識が希薄であった。

たしかに市制・町村制においては、市町村議会議員の選出方法に等級選挙制が組み込まれているなど財産のある名望家が選ばれやすい仕組みになっていた。また内務省が府県知事を任命し、地域の行政事務を統括する体制をとっていた。にもかかわらず岩倉具視の府県会中止意見書をあげるまでもなく、時の政権にとって議会は目の上の瘤であり続ける。事情は県市町村でも同様で、たとえば町村議会は町村長を選出し、「町村に関する事件及法律勅令に依り其の権限に属する事件を議決」する職務権限を持っていた。であれば地域住民は条件さえ整えば議会を拠点にして様々な問題を自治的に解決することが可能になったはずである。もちろん町村長は「町村を統括し町村を代表」していたから、行政事務の責任者として議会に優越する権限を持っていた。ただ権限の行使にあたっては問題処理の正当性が問われるのであり、公空間をめぐるせめぎ合いのなかで自らの優越性を立証する必要に迫られる。議会はその際の試金石であり砦であることを制度的に保障されていた。このような視点に立って議会の機能を位置づけ直す必要があろう。現在に至る地域と自治についての議論において、議会の機能への評価をないがしろにしてきたと考えるからである。

そこで本書においては、近代日本の地域社会における公空間をめぐる厳しい競合の過程を市町村議会などの議会における論議を視野におきつつ検討する。それらを通して地域社会でどのような自治が模索されたかも浮き彫りになろう。今後なお世界経済のグローバル化は進み、国民国家の有り様も変容を余儀なくされるだろうが、地域が住民生活の基本単位であることに変わりはない。議会や行政を視野においた様々な自治的取り組みをどのように進めるかが新たな一歩を踏み出すためのひとつの前提となるだろう。

四　本書の枠組み

まず新潟県南魚沼郡六日町の二人の町長が登場する。いずれも明治憲法体制形成期に町政をになった地域の名望家である。二人とも、幕末維新の激動を肌で感じつつ成長した。第一章の佐藤良太郎の場合は、県議会の場で自治を自律の観点においてとらえ、地方利益ばかりを重視する考え方を批判した。国会への立法活動をへて足尾鉱毒救済運動にかかわり、住民が健康で文化的かつ平和に暮らすことに価値を置いた人権を守ることに生の意味を見いだした。第二章の山口千代松は、入会権等を核とした村の自治的紐帯を自治の原点としながら南魚沼郡会の場で論陣を張った。その後六日町町政をにない、住民自身による自治の実現を模索しつつ、その課題を次世代に托した。彼らを、近代初期に見られる名望家的町村自治の枠組みのなかで、弱者の保護の立場に立って地域の自治を実現しようとした存在として位置づけることが出来る。

これらの課題は自然村的自治の延長線上に構想された近代初期の地域と自治の問題であるが、それらとは異なる地域と自治についての新たな課題が日清・日露戦争前後の時期に登場した。近代都市の成長にともなう諸問題である。近代都市形成により農村部と都市部、富者と貧者といった、それまでとは異質の対立が表面化し、新たな対立が生まれたことを背景としている。郡会や市議会が問題を議論する場となった。異質の対立を調整するために、公空間をめぐる競合関係が生ずる。そこで第三章では長岡市をとりあげ、中小都市の成立に際して社会諸勢力がどのような課題にどう取り組んだかを探る。都市づくりと商工業の発展をめざした町の商工業者層のほか雑多な階層の住民が新たな公空間を求めて活動した。

鋭い争点が都市問題として表面化したのは東京市である。東京市では当初道路敷設等のインフラストラクチャー整備に財源を集中的に投下したが、住民の生存を脅かすコレラなどの蔓延を放置できず、一八九〇年代には上下水道の整備を優先する方針に転換した。このような住民生活重視の都市政策論の枠組みを汲み取り都市社会主義論として展開したのが片山潜や安部磯雄である。第四章では彼らがその目玉として主唱した都市公営事業論について整理する。しかし東京市電問題の経緯に見られるように公営事業にも多くの問題点が生じてしまう。このとき市電問題に弁護士としてかかわるなかで登場した布施辰治は、借家人など社会的弱者の弁護をとおして生活を基軸とした公空間を確保することが社会にとって第一義的に必要であることを体感した。公空間をめぐる競合のなかで生活自治を実現することこそが必要であると訴えた。その推移を第四章の後半で分析する。

次に第五章と第六章では、大正デモクラシー期以降に取り組まれた公空間と生活自治にかかわる二つの活動をとりあげる。いわば布施の議論の実践編である。電気料値下げ運動と雪害救済運動は、生活権・生存権・地域格差是正論を掲げた運動である。地域の住民が生活権を守るための活動に積極的に関与した事例として、第五章では電気料値下げを求めた住民運動をとりあげる。また第六章では、既成政党人や町村長会の他、行政当局・職能団体・無産政党などが参加して国家政策の変更をせまった雪害救済運動の展開過程を追う。いずれも県議会や国会への請願等を重視するなど、議会を通しての議論や運動が重要な局面を形成した。

第七章では中山間村（都市・農村・漁村・山村には含まれない平地と山地の間にある村の通称）の山古志郷をとりあげる。一九二〇年代から三〇年代にかけての道路開鑿問題を整理し、公空間をめぐる地域と自治のあり方を探る。他方村落の基盤となる階層的秩序と共同体的秩序について見ることで、相互扶助や共生・協生の基盤となるものは何かを考える。その当否はどのような公空間を確保するかについての不断の取り組み如何ということになる。

このような地域と自治に関する諸課題は、十五年戦争期の総力戦体制の下で変動を余儀なくされた。その内実を探るのが第八章の課題である。地域社会が一方において戦争動員の拠点として公空間を独占していく状況を見る。他方総力戦下につくられる地域翼賛体制の特徴を政党制の後退から行政権力の強化の過程のなかにたどる。地域社会では市町村行政の権限が強化されるものの、場合によっては町村議会が機能することさえあったことを検証する。極めて限定的ではあれ総力戦体制下の地域社会において生活自治を追求しうる可能性は残されていた。

注

（1） 著書として刊行されているものに限って研究史を簡略に見ておこう。地方自治制の制度的特質についての本格的研究は亀掛川浩の『自治五十年史（制度篇）』（復刻：文生書院、一九七七年。元本：良書普及会、一九四〇年）等に始まる。戦後になって、天皇制と地方自治制がどのように密接に連関していたかをめぐって石田雄『近代日本政治構造の研究』（未来社、一九五六年）や、藤田省三『天皇制国家の支配原理』（未来社、一九六六年）の研究が登場した。地方財政との関係において地方自治制を総括的に叙述したのは藤田武夫『日本地方財政発展史』（復刻：文生書院、一九七七年。原本：河出書房、一九四九年）であった。

その後地方自治についての実証研究が、様々な側面から蓄積されるようになった。まず地方自治制そのものについてのアプローチである。明治国家形成期の地域社会における自治制の意味を新潟県の事例も引証しつつ明快に分析したのは大島美津子『明治国家と地域社会』（岩波書店、一九九四年）である。大石嘉一郎・西田美昭らは長野県五箇村を対象とした行政村の研究として『近代日本の行政村』（日本経済評論社、一九九一年）をまとめた。御厨貴『明治国家形成と地方経営』（東京大学出版会、一九八〇年）は明治国家の地方経営を正面から検討した。村規約や地方統治を対象とした山中永之佑『日本近代国家の形成と村規約』（木鐸社、一九七五年）・『日本近代国家と地方統治』（敬文堂、一九九四年）、名望家的な自治を検討した石川一三夫『日本的自治の探求――名望家自治論の系譜――』（名古屋大学出版会、一九九五年）や高久嶺之介『近代日本の地域社会と名望家』（柏書房、一九九七年）もある。石川は、なぜ名望家自治論の多くが市民的自治論として発展しなかったのか、なぜ農本主義的自治論の側に大きく傾斜して結局は後見的官僚的自治論に吸収される運命をたどったかについて検討した。関東諸県を対象とした地域研究である櫻井良樹編『地域政治と近代日本』（日本経済評論社、一九九八年）や、新潟を中心とする地方政党活動を詳細に検討した阿部恒久『近代日本地方政党史論』（芙蓉書房出版、一九九六年）がある。その間宮本憲一『地方自治の歴史と展望』（自治体研究社、一九八六年）は近代地方自治制についての通史的見通しを示した。山田公平『近代日本の国民国家と地方自治』（名古屋大学出版会、一九九一年）は比較史的観点に立って日本の地方自治の性格を詳細に検討している。これらを含むこれまで蓄積された諸研究について、本書でもいろいろ参考にさせていただいた。

（2）　ハーバーマス『公共性の構造転換』（未来社、一九七三年）一―二頁。
（3）　同前、四六―五〇頁。
（4）　花田達朗「公共圏と市民社会の構図」（『公共圏という名の社会空間』木鐸社、一九九六年）七七頁。
（5）　拙著『環日本海地域社会の変容』（青木書店、二〇〇〇年）九頁。
（6）　自由民権運動、大正デモクラシー運動、労働農民運動という、それぞれの時代を象徴する運動史研究が取り組まれた。自由民権運動の五大綱領のひとつは地方自治の獲得であった。自由民権研究をリードした大石嘉一郎『日本地方行財政史序説』（御茶の水書房、一九六一年）・『近代日本の地方自治』（東京大学出版会、一九九〇年）や江村栄一『自由民権革命の研究』（法政大学出版局、一九八四年）が、政府によって強権的に進められる地方自治制の整備への対抗をひとつの主題としたのは当然であった。自由民権運動が求めた未完の課題は大正デモクラシー運動に引き継がれた。大正デモクラシーのとらえ方をめぐる松尾尊兊『大正デモクラシーの研究』（青木書店、一九六六年）・『普通選挙制度成立史の研究』（岩波書店、一九八九年）と三谷太一郎『大正デモクラシー論』（中央公論社、一九七四年）の違いは、どのような視点から問題を組み立てるかにあった。松尾は普通選挙制や立憲制の徹底を求める運動の側を掘り下げたのに対し、三谷は国家と地方の実態的な変容を探った。運動に関する諸研究として金原左門『大正デモクラシーの社会的形成』（青木書店、一九七〇年）や天野卓郎『大正デモクラシーと民衆運動』（雄山閣、一九八四年）、坂本忠次『大正デモクラシー期の社会経済運動』（御茶の水書房、一九九〇年）らがあり、栄沢幸二『大正デモクラシー期の権力の思想』（研文出版、一九九二年）等は思想史的な変容の実態を分析した。安田浩『大正デモクラシー史論』（校倉書房、一九九四年）の労働問題からのアプローチ、伊藤之雄『大正デモクラシーと政党政治』（山川出版社、一九八七年）の地域社会と政党政治をとり上げた大正デモクラシー研究も登場した。金原左門は新潟県の農民運動の展開に即して大正デモクラシー運動の終焉までを検討した。小作人や労働者の解放を求める農民運動や労働運動の目線が他方では地域社会のデモクラシー化に置かれていたことも、これまでの研究で示された。農民運動については西田美昭『近代日本農民運動史研究』（東京大学出版会、一九九七年）や林宥一『近代日本農民運動史論』（日本経済評論社、二〇〇〇年）、森武麿編『近代農民運動と支配体制』（柏書房、一九八五年）等がある。それに対抗する国家主義的な、あるいは農本主義的な運動についても東俊雄『勤労農民的経営と国家主義運動』（御茶の水書房、一九八七年）等新たな研究が出ている。

なお以上の研究のほか個別の具体的課題に即した地域史的研究がある。林野制度をあつかった一九六〇年代の研究として笠井恭悦『林野制度の発展と山村経済』（御茶の水書房、一九六四年）等がある。近年では水利土木について服部敬『近代地方政治と水利土木』（思文閣出版、一九九五年）が、道と川については高村直助編『道と川の近代』（山川出版社、一九九六年）が、補助金について長妻廣至『補助金の社会史』（人文書院、二〇〇一年）がある。また源川真希は『近現代日本の地域政治構造』（日本経済評論社、二〇〇一年）において茨城県の地域政治について構造的分析を試みた。地方行財政を対象とした坂本忠次『日本における地方行財政の展開』（御茶の水書房、一九九六年）や水本忠武『戸数割税の成立と展開』（御茶の水書房、一九九八年）もある。総力戦体制期の新しい研究も注目される。戦後体制を視野においた雨宮昭一『総力戦体制と地域自治』（青木書店、一九九九年）や森武麿『戦時日本農村社会の研究』（東京大学出版会、一九九九年）、森武麿・大門正克編『地域における戦時と戦後』（日本経済評論社、一九九六年）、岡田知弘『日本資本主義と農村開発』（法律文化社、一九八九年）、平賀明彦『戦前日本農業政策史の研究』（日本経済評論社、二〇〇三年）らの研究がある。

（7）アマルティア・セン『貧困と飢饉』（岩波書店、二〇〇〇年）二四八頁。

（8）鶴見和子「柳田国男の普遍性」（『鶴見和子曼荼羅　Ⅳ土の巻』藤原書店、一九九八年）二八三頁。

（9）同前「自治思想の系譜」（『鶴見和子曼荼羅　Ⅴ水の巻』藤原書店、一九九八年）三五四―三七三頁。

〔注記〕

＊原資料の引用については、読み易さを配慮してカタカナをひらがなに直すなど、最小限の修正を行った。

＊引用資料を途中省略する際に、「……」を用いた。

第一章　自治と人権の追求
――佐藤良太郎の面目――

はじめに

近代初期の地域と自治をめぐる問題を考える場合、その登場人物はかなり限定される。自由民権運動期の地域における指導者層には一般農民も含まれるが、主として豪農層であった。名望家自治の時代といわれる所以である。そのような時代に新潟県南魚沼郡六日町に二人の自治の担い手が登場する。ここで取りあげるそのうちの一人が佐藤良太郎であった。良太郎は幕末に生まれ、松屋をたて直しつつ、草創期の六日町村会副議長・南魚沼郡内総連合会議長・新潟県会議員をつとめた。自治をめぐって県議会で論議し行動した。社会的弱者の支援のため救恤法案や救貧法案を立案して帝国議会に持ち込んだ。彼は県議会や国会の機能を信じ、議会を舞台として弱者救済のための公空間を追求した。そして四九歳で病没する直前まで、足尾鉱毒農民の救済のために活動した。

一九〇四年五月四日の死去を悼む弔辞のなかに、良太郎が足尾鉱毒問題解決期成同志会員として尽力したことを讃える鉱毒被害地在京総代一同のものがある。良太郎が何度も鉱毒地を実地視察したこと、島田三郎らとともに被害救済のために足尾銅山の鉱業停止を求める同会の意見書を一九〇三年五月九日に内閣総理大臣に提出したこと、演説会を府下数か所で開いたこと、その夏には新潟県下有志により「人道の為めに足尾銅山の鉱業を停止せむことを望む」請願書を第一九議会に提出したことが縷々述べられている。[1]このような足跡を残した佐藤良太郎の生き様の諸相を通して、近代初期の地域と自治をめぐる公空間の一端に迫りたい。

第一節　県議会の存在意義

1　生い立ち

良太郎が生を受けた家は、六日町村を流れる魚野川河岸の船着き場にある松屋旅館である。一八五六年（安政三）二月二二日のことであるから、幕末の動乱のただ中である。

当時長岡方面に抜ける街道はあったが、荷物を伴う行き来には舟運の方がはるかに便利であった。そのころは魚野川の舟運も、松屋旅館も繁盛していた筈である。

ところがたまたま良太郎が生まれた時には、生家は借金に追われ、首も廻らない状況であったという。「余は生るゝ時に既に不幸なりき」と、本人は記している。[2]加えて良太郎が八歳の時に、呉服太物商だった父の初太郎は、手広く商売を手がけていたことが災いしてか、事業に失敗してしまう。

しかしこのような境遇は、本人の成長のためにはむしろ糧《かて》となったのであろう。良太郎は、一〇歳の時に塩沢村の叔父西川次郎右衛門の家に寄寓し、井口瑠荘の塾で鍛えられた。尋常小学校三年生を終えた時に、早くも祖父の仕事を継ぐことになる。

一八七四年（明治七）、良太郎が一九歳のときに大きな転機が訪れる。この年に父が亡くなり、家業を自らの手で立て直さなければならなくなったからである。良太郎が死の直前に執筆した「余か半生」には関連する部分が欠落しているので、この時期の具体的な状況はわからないが、もともと経済的独立への指向は強かったので、持ち前の才気を発揮して着々と回船業を立て直していったようである。『南魚沼郡誌』によると良太郎は、長岡商会が六日町の二四隻の船を全部買い込んで六日町・長岡間の舟運業を独占しようとしたので、一〇隻の船を新造し、旅人宿を開業してこれに対抗したという。(3) 一八八五年には長岡商会との運賃競争が激化し、損を承知の値下げ競争になった。そのうち合併せざるを得ないだろうとの観測もあったが、何とか妥協が成立し、引き続き営業を続けることになった。(4)

その一方で良太郎は、村中の重立一同の依頼によって、村長に就任した。また郡区町村編制法などの三新法に基づいて各地で村議会が開かれた一八七九年に六日町村の村会議員に当選し、村議会副議長となった。さらに小区連合村会の副議長や南魚沼郡内総連合会の議長にも選ばれた。二四歳の時のことである。

若くして住民や村会議員等から厚い信頼を受けたのは何故であろうか。もちろん彼は、松屋をたて直し、地域の名望家としての立場にあった。一八七九年九月一二日付の新潟新聞には、この頃六日町で流行していたコレラへの対策のため道路を遮断したのにともない困窮した住民に対し、郡長の岡村貢らが一〇円、佐藤良太郎は三円を寄付したという記事が載っている。

しかしそれだけでは、その年で郡内総連合会の議長に就任した理由を説明したことにならない。実は良太郎には、周囲の人々から尊敬を集めるほどの学殖があった。少年時代、叔父につれられて十日町にお金の取り立てにいったときに、叔父の二本差しの刀の威力に感心したことがある。母にそれをいったら、書物を沢山読んで儒者になればいいと勧められたという。それもあって良太郎は、早くから「学問のすすめ」をはじめ、「西洋事情」、「新律綱領」、「仏蘭西民法」、「西国立志篇」等多くの書籍を読破した。「学問とは四角の文字を知るのみにあらずして、事物の道理を知るをことゝすへき」であると彼は「余か半生」に記している。[5]また「オースチンの法理学、リーバーの政事書、圭氏の経済学、ボリュー の財政学、ブルンチュリー氏の国法論」等を最も愛読したという。これらの読書から得られた素養と、それによって培われた柔軟な発想が、人々の信頼を勝ち得た何よりの資産であったのだろう。

2 県会議員として

良太郎は一八八三年の県会議員補欠選挙に南魚沼郡から立候補して当選した。この初当選から都合五回の県会議員選挙に自由党や大同派から立候補し、いずれも当選を果たした。一八九〇年までの八年間にわたり、南魚沼郡選出の県会議員として活動することになる。しかし一八九〇年七月の第一回衆議院議員選挙に立候補して破れた。その後県議補選に国権党から出て当選したが、徐々に政治の第一線から退いて裏方に廻る。

良太郎は、一〇歳代における盛んな勉学と読書に続き、この二〇歳台後半から三〇歳台における県会議員としての活動のなかで大きく自分を磨いた。一八八三年からの一～二年間は、いわば見習い期間で、県会における発言を見いだせない。実質的県会デビューは一八八五年の秋で、明治一九年度の予算編成にかかわる審議の過程においてであった。

この時の県議会では、松方デフレの影響によって地域経済が不振にあえいでいるさなかの予算編成をめぐる論議があった。道路費・築港費・堤防費をどのように支出するかという点と、地方税の増税分を地租付加税を据えおいたまま営業税・雑種税に転嫁することをめぐって対立が続いた。良太郎は収入の範囲内で事業を展開するよう自らを律しなければならないとの考えから支出抑制論を展開し、また営業税等の増税に反対する積極的な論陣を張った。

まず前者については、第一に土木費、第二に区町村土木補助費、第三に清水越新道をめぐって論議された。良太郎は県会通常会で、新潟県内の道路がまだほとんど開かれていないのに他県に通ずる松本線・中魚沼線・津川線の三線のみ改築するのは本末転倒なので、原案を削除すべきだと主張した。(6) それに対し八十里越えに尽力していた西潟為蔵が立ち、良太郎らは松本線が頸城一隅の路線なので開く必要がないというが、一隅の不利は全体に及ぶことを知らないと反論している。対する良太郎は前言を繰り返し、県内道路の整備にあたる安塚線を改築することは目下の急務であると述べた。(7)

次に良太郎は区町村土木補助費をめぐって、三等川以上の河川について堤防が決壊すると被害は広範囲に及ぶのにその修繕費を沿岸町村だけでまかなうことになっているのはおかしい、それを区町村土木費の費目で補助するにとどまるのはおかしい、三等川以下の無等川については補助すらなく地域住民に負担を強いているのはおかしい、と述べて原案の否決を求めた。この否決案には一三人の賛成しか得られず、通らなかった。(8) 良太郎は、「道理上宜しく道路堤防とも地方税の支弁と為すへしと信」じていた。(9)

またこれは土木費ではないが、予算削減のために戸長の人員を減らそうとする案に対しては、逆に「大に地方自治を害するの恐れ有」るとむしろ予算をつけるべきだと論陣を張った。しかし、これも県会では受け入れられなかった。(10)

なお南魚沼郡に直接関係する「清水越新道に関する建議」が議題になったのは、一二月一六日である。政府が群馬県に通ずる清水越新道開通後の費用を国から県に引き継いだことを知った県議らは、今後多額の修築費が必要な同新道を地方税で負担するのは困難だとして、数年間は国庫支出によって維持するよう求めた。良太郎は立って、清水越新道の新潟県側は「未た道と称する価値あらさるもの」なので、当分国が修繕費を負担すべきであると発言した。同建議は珍しく全会一致で通過し、上申することになった[11]。しかしこの上申は国に受け入れられなかった。一方地方税による修繕も冬季間の積雪による損傷があまりにひどくて思うにまかせず、幹線道路としての機能を果たすことは困難であった。

そこで良太郎は私費一四五〇円を投じて、清水の村木から兎平を経由する井坪までの約八キロの道を開き、一人二銭、馬三銭の通行料をとって運営した。この賃銭道路は一八九〇年から一九〇七年までの一八年間続いた後、県に引き継がれた[12]。

もう一つの重要課題である営業税・雑種税問題をめぐっても、良太郎は奮闘した。一一月一九日に営業税雑種税徴収規則が提案されるや、良太郎は単独で建議を提出した。原案はとても公平な案とはいえず、各事業の盛衰や収益の多寡、土地の状況等をきちんと調査した上で案を作るべきで、県会に営業税雑種税審案委員を置いて検討すべきであると訴えた[13]。同案は商業地の等級を指定して課税することになっているが、新潟で商売している人が沼垂に帰れば非常に少額の税金になるのはおかしい、町村における個々人に対する課税額を町村会にゆだねていることも一大修羅場をつくることになりおかしい、と発言した。この建議への反対者は三人であった。査理委員の選挙で、山口権三郎らとともに良太郎も一五票で選ばれたが、これは良太郎が県会内における選挙で委員に選ばれた最初である[14]。しかしそれにしては良太郎の持論である町村会に個々人への課税権をゆだねるべきではないとの案は採決の結果通らず、また独自の課税案の建議も一〇人の賛成しか得られなかった。結局営業税雑種税徴収規則は、原案を若干修正した案が通ってしまった[15]。そもそも同案は、デフレ下で減収となった地租付加税の税率を上げる代わりに、営業税・雑種税を増税することで切り抜けようとする案であった。新潟県会の議員のほとんどは地主議員であったから、良太郎がいかに努力しようと商工業者に有利な案を通すことは出来なかった。良太郎としては、商工業者の営業が困難に追い込まれることが見通されたので、止むに止まれず議壇に立ったのであろう。

一八八七年の秋の県会には、良太郎はもう他の県議と肩を並べていた。前年度と同様不必要と認める経費の削減に意を注いだ。土木費については、松本線の改築予算をめぐって削除の意見を述べ、小木線については県下人民の幸福を普及するために必要な事業なのに道幅三間とは狭すぎると述べた(16)。区町村土木補助費については、三等川のうちの一八〇か所の補助金二千円を廃するのは困るとし、区町村教育補助費については地価を調べて土地の貧富を調査すべきであると苦言を呈し、営業税雑種税等級別課税についても前年と同様の批判を行った(17)。また「塩沢は商業追々衰頽し、従前と大に異なりたる有様となりたれば之を六等に下たるを適当とす」と珍しく地元の利害にかかわる修正を求めたが、これは否決された(18)。

良太郎は、営業税雑種税の課税に加えて、政府がこの年三月に所得税法を勅令として発布したことをめぐって熱弁をふるった。一二月五日に稲岡嘉七郎らによって出された建議に全面賛成し、「近来政府は益々地方に負担の重きを加へしむるの勢あり、若し人民にして唯々諾々之れに従ふか如きことあらは、政府は人民の懐を以て無尽蔵となし益々重きを負はしむるに至るへし、是れ本員の夙に憂ふる所にして進んで此建議を賛成する所以なり」と述べた(19)。この建議は僅差で可決され、起草委員の選挙が行われた。良太郎は清水治吉の三一票につぐ第二位の二九票を得て七人の委員の一人に選ばれた。県会内における良太郎の存在感が高まった。

一八八八年には、四月に臨時県会が、一一月末から通常県会が開かれた。良太郎はやはり一貫して経費節減のために、提案される予算案を拒否しようとした。土木費ばかりでなく尋常中学校設置案に対しても、「今日は中学の設立を渇望するの気運にあらさるなり」と反対した。[20] 新潟県尋常師範学校費については、経費を節約するために教員の一人あたりの授業時間を増やして教員数を減らすべきだと提言した。[21] その査理委員会の委員長として案の趣旨説明にあたった。同案は二九人の賛成により採択された。[22] すでに良太郎は、県会の有力議員として一目置かれるようになっていたが、それは彼の自律を通して自治を守ろうとする一貫した姿勢のたまものであった。

3　県議会の存在意義をめぐる議論

政府は大日本帝国憲法が発布される一年前にあらかじめ地方自治体制を整えておこうと、一八八八年に市制・町村制を公布し、翌年四月から順次施行した。新潟県会では清水治吉や大竹貫一により、その内容が自治にふさわしくないので実施を延期するよう求める建議が提出された。同じ町村民なのに公民と住民を区別していること、選挙権が納税額によって差がある一級、二級の等級選挙になっていて、近代国家にふさわしい地方自治が保障されていないという主張である。

良太郎は一八八八年一二月二一日の県会で、建議の趣旨に賛成しつつも、すでに公布されている法律の実施延期を求めることは県会の権限を越えるのでいったんこれを否決し、府県会規則七条によって内務大臣に対し改正を建議すべきであると発言した。[23] しかし建議を否とする査理委員の報告に三二人が賛成したので、良太郎の提案は通らなかった。

続いて良太郎ら六人の議員により「町村制準備に係る建議」が提出された。これは町村制の施行に伴って実施される大規模な町村合併が、町村の意向を無視して準備されていることに反対し、自治区域を尊重するよう求めたものである。賛成議員から県会が関わる事項ではないとの意見が出たのに対し、良太郎は「県会が之を代表して匡正するに於ては経済上に就ても得策たるは論を俟たす」と正当性を主張した。県会は県民の代表として県当局の失策をただすことが必要であると述べたのであるが、この建議も三二人が反対して不採択となった。このように良太郎が推した町村制準備に関する建議はいずれも少数意見として否決されたが、一貫して町村住民の立場に立って導入されようとする町村制の欠陥を鋭く突いていたことに留意しておきたい(24)。

こうして今や県会議員中でも一目置かれる存在となった良太郎であるが、一八八九年の県会では知事の職務権限をめぐって理事者側と激しく対立することになる。ここでは信濃川堤防費の清算報告をめぐる対立のみを紹介しておこう。良太郎の冒頭の発言によると、中蒲原郡酒屋の覚路津水門の予算は二四八四円であったが、実際にはその後木造から煉瓦造りに換えたので八三九三円もかかることになった。不足分は家屋移転料から流用したという。そもそも水門設置は町村の事業であり、堤防工事に直接かかわるものではない。それを地方税を使って工事し、しかも予算の大幅増となっているのは不当である、と切り込んだ(25)。急きょ出席した理事者は、川の合流点なので通常の修繕では危険だと判断した、水門をつくらなければ信濃川堤防に障害をきたすのが明らかだった、等の説明を行った。良太郎は納得せず、これまで一〇数年間木造の水門で間に合っていたのになぜ煉瓦にする必要があるか、県会の予算決議にそむいた支出をしたのはおかしいと、その中止を求めた(26)。この知事に水門工事の中止を求める件の採決では、反対はわずか五人で、ほとんどの県議が良太郎の見解に賛成した。

しかし県会側の申し入れに対し、知事はその実行を拒否した。一一月三〇日に答弁に立った永沢書記官は、設計を元に戻したり、すでに集めてある材料を反古にするのは困難なので知事は申し入れを受け入れないこととした、と述べた(27)。良太郎はさらに知事の再考を迫った。そのために委員を選んで知事に請求するかどうかをめぐって採決が行われ、三〇人が賛成した。続いて知事に再考を請求する委員の選挙があり、良太郎を含む三人が選ばれた。しかしそのなかの一人の委員が当日欠席しており、一二月二日に開かれた県会で委員の辞任を申し出た。このとき齋藤豊次郎が立って、もう決まってしまったことについて再考を求めるのは不同意である旨の発言があった。良太郎はこの発言に強く反発した。彼は「是豈議会の決議を蔑如したる者」だと非難し、これでは委員として知事に会うことは出来ないと辞任を申し出た(28)。

辞任を受け入れるべきかをめぐって県会は紛糾に紛糾を重ねることになった。委員を改選すべきであるとの提案は採決の結果通らなかったが、良太郎は重ねて拒否したので委員再選挙となり、再び良太郎が選ばれた。良太郎はこれも拒否した。三回目の選挙で清水治吉が代わりの委員に選挙された。良太郎の頑固さばかりが強く印象づけられる。しかし彼にとっては、その扱いについて筋を通しておかないと、県会の「議権を伸る能はす」と考えていたのであり、だからこそ譲れなかったのである(29)。行政に対して、住民から選ばれた議員により構成されている県会の存在意義を守らなければ自治を維持することが出来ないとする使命感によるものであった。

第二節　国会への立法活動

1　転　機

第一回衆議院議員選挙に立候補して破れてからの良太郎は、新たな諸事にかかわって日々を過ごすことが次第に増えていった。その間にいくつかの新たな体験を積んだことが、彼の後半生との関係では大切かもしれない。一八九二年一〇月から一一月末にかけての、朝鮮を経由してウラジオストク港への見学の船旅などである。この旅では釜山や元山など寄港地が限られていたためでもあろう、朝鮮では「建造物の陋劣」であることに驚き、また東海岸を北上したせいもあって人造林のない林野が目に入り「国てふ名前を付するに能はさる広野」があるとの印象を持った。ウラジオストクでは、「東洋唯一の軍港を経営している露人の愚にも驚」いた。その気候が寒冷であるのにも強い印象を持ったようで、「我皇土の楽土」であることに感謝している。

良太郎の価値観を試す出来事として、帰りの船で上等客室を使い「極楽浄土もかくやあらんと思ふ計り」の体験をしたことがあげられる。毎夜入浴しつつ初めて知ったことは、「現世は惨酷」で「富人は栄花を極め、貧人は苦難に沈む」ということであった。「地獄の沙汰も金次第」なのだ、とこの時の想いを後に記している。(30)

この体験から学んだことは、だから「富人」になって栄花を極めたいということではなかった。「貧人」の救済にこそ献身しなくてはならないという強い使命感であった。ここに良太郎の一面目がうかがわれる。

2　立法活動

大竹貫一が衆議院議員に当選して上京した一八九三年、良太郎は大竹に政治家として「無産の窮民」を救う方法を考えなくてはならないと説いた。自ら救恤法案と救貧税法案を起草したのも、そのような想いがしからしめたことであった。だが日清戦争の勃発によって世間は戦争一色に染められ、救貧等の問題をとりあげる余裕を失ってしまった。

日清戦後の一八九七年になって、やっと議会の中に調査のための委員として宇田朝之助・谷干城・近衛篤麿・大竹貫一等七人が任命されることになった。しかし彼らは、一向に検討する気配を見せなかった。そこで良太郎は大竹に、委員から案を取り返して大竹自身が帝国議会へ提出するよう迫った。大竹は良太郎の意向に添って第一〇議会に提出したが、政府はこれを黙殺した。良太郎の依頼により今度は三宅雪嶺が日本新聞に「俗吏議員の無情」と題して寄稿し、この扱いを批判したという。[31] みずから立案した救恤法案等を帝国議会にまで持ち込むことは出来たが、時の政府を動かすための政治力までは持ち合わせていなかった。

この頃尽力したことのなかに水害地の地租特免問題がある。一八九六年七月に新潟県下で大水害が起こると、良太郎は直ちに住民救済の必要性を東北日報に掲載した。大水害の惨状を前にして、とにかく地租の特免を認めるべきであるという論陣をはった。そしてこれも大竹を通して第一〇議会に地租特免法を提出した。政府側の強い反対があったが、被害の大きさと住民の困窮を前にして何とか法案成立に持ち込むことが出来た。[32]

新兵虐待問題に取り組んだことも、良太郎の目線がどの位置にあったかを示す好事例である。良太郎は一九〇〇年の春に、知り合いの入営中の子息の訪問を受け、新兵への虐待の状況を詳細に知った。持ち前のヒューマンな心情に響いたようで、直ちに「兵卒待遇に関する御質問主意書」を執筆し、議員に託した。[33] 下士官の兵卒に対する虐待はとてもひどい。とくに古参兵が新兵に対して「往々極暴に渉る」ので、新兵は脱営をはかり、あるいは自殺するという。もとより彼らの多くは忠良な農民であり、みんな立派な兵士になることを願っている。彼らを虐待することは、国家にとって大いに損失をもたらす、と。このような趣旨の質問書は、田中正造らによって、一九〇〇年一月に開かれた第一四議会に提出された。

政治の第一線を退いてからの良太郎は、活動の基盤を弱者の救済に置き、帝国議会を舞台とする多様な活動を展開していった。

第三節　足尾鉱毒救済活動

1　足尾鉱毒救済のために

良太郎がいつから足尾鉱毒問題に関与したかは定かではない。田中正造「ノート」の良太郎に関するメモに「［明治］三十四年より社会問題」と記されているのが初出である[34]。

もっとも田中正造との交流は、かなり早くから続いていたようである。良太郎の回想は、一八九五年の冬に正造が病床に伏したことを聞いて寓居を訪問したことにふれている。日本新聞の記者と間違えられて、突然怒気満面になって怒鳴られたが、間違いだとわかって一転酒を酌み交わし餅を焼いて語りあった。

一九〇一年一二月一〇日に正造が議会開院式の帰途にあった天皇への直訴事件を起こして麹町警察署に留置されたときには、良太郎は警察署に差し入れのために駆けつけた。放免後の一九〇二年の新年を良太郎の家で共に迎えたという。

良太郎はこの頃毎日のように「雑記」をしたためている。読み進んでいる書物の内容を整理したり、時事的な出来事を記録したり、またそれに自分の見解を記したりと、文字通りの雑記帳である。その一九〇二年六月の欄外に「国家社会主義」との表題で、「国家社会主義は国家法制の力により社会の強者を制するよりは社会の弱者に対して多くの保護を与ふるにあり（是れ余か究意の目的なり）」と記している[35]。社会的弱者への支援こそ良太郎が最も強く求めたものであり、良太郎にとっての国家社会主義とはそのようなものであったのだろう。弱者に献身する正造に、良太郎は一つの理想を見ていたのかも知れない。

田中正造は六月一六日に川俣事件裁判の傍聴中に大あくびをしたのを官吏侮辱罪に問われ、巣鴨監獄に入獄した。良太郎は「雑記」に、「古来の哲人烈士皆此厄にかからざる者なし」と正造の境遇について記し、彼の苦悶を共有できないことを悔やんだ。[36] そして入獄の一〇日後に正造を訪ねた。このとき正造が、こんなことはたいした苦役ではないと述べたことを、良太郎は「雑記」に書き留めている。「余か半生」によると、この時正造から、八月一〇日投票の衆議院選挙に向けて鉱毒問題の活動を支援している候補の応援演説をするよう依頼されたという。[37] 良太郎は早速仙台等に飛び、選挙応援に力の限りを尽くした。

正造がこの時のことをふり返って横浜市で演説している記事が、一九〇四年二月一五日付の静岡民友新聞に載っている。正造は、一九〇二年の総選挙に宮城県の候補者として飯田宏作が立った折りに、「鉱毒の大恩人たるを以て越後の志士佐藤良太郎氏行いて之を助けたり」と、良太郎のこの時の活動を伝えた。[38]

2　田中正造との往復書簡

良太郎の晩年の考えをよく知るために、田中正造との往復書簡を見ることにしよう。正造から良太郎に宛てた三通の書簡のうちの最初のものは、一九〇二年九月二九日にしたためられている。「人道は人道なり、人を待って為すものにあらず、……貴下の人道や大に急ぐ所なり、予は君の云ふ所の如くせん」と記して、良太郎が人道のために行動しようとしていることを後押しした。[39] 正造と良太郎は、天皇直訴事件以後何でも語り合える親密な関係になっていたという。人道のために自分はどう身を処すべきかと悩んでいる良太郎の様子を見て、正造が軽く肩を押しているような書簡である。なお良太郎は、「雑記」の「十月所感」に「時弊匡救三大綱」を記している。その二項目は「政事は民を以て本とする事」であった。[40]

良太郎から正造宛の書簡は、四通残っている。一九〇三年四月二三日付の書簡からは、行き詰まっている鉱毒問題の打開のために桂首相を動かそうと良太郎らが懸命に活動している様子が伝わってくる。島田三郎が首相に会ったときに鉱毒の話を持ち出したが、それは公式のことではなかったので、今度巖本と一緒に訪問することになった。ついてはこの機会に「大運動を要」するので是非至急田中正造自身が上京してほしいと要請する内容である。(41) 正造はその後上京し「大運動」の渦中の人となった。

ところが良太郎は、同年七月に家業の都合で六日町に戻らざるを得なくなった。良太郎から滞京中の正造に宛てられた七月三〇日付の書簡は、六日町から送られている。正造に対し安部磯雄や内村鑑三に会うよう求めたものである。とくに内村について「今後人道論には同氏の力に俟つ事不少と存候」と記している。(42) また正造の懐刀として活動している左部彦次郎の、山林伐採問題を通して群馬県下の山林家に働きかけて運動の輪を広げたいという提案に全面的に賛成する旨を伝えている。同日良太郎が左部彦次郎に送った手紙には、鉱業をこのまま継続すると山林は荒廃し土地は荒蕪に帰するので、少しでも反対する人々を広く募るよう求め、「今日の場合は、一寸尽す人一尺尽す人、皆共に仁人たるに相違無之候間、其方々へ十二分の敬意を表し、全局の勝利を期し候外無之候」と記した。(43)

正造は一週間後の八月六日に返事を出した。正造が上京してからの対応に感謝し、良太郎の鉱毒問題への取り組みについて「去冬以来は乱麻の同士を弥縫修繕復活一致、内閣に意見書、社会に演舌、議場に質議等貴下の御救済、真情に数づ限りなくありがたくして、而して社会は夢にも此恩をしらす、故に成蹟はあれども誰れの為したるかをしるものとては殆んど稀れならん」と最大限の賛辞を送った。(44) また正造は、藤岡町の大出喜平にあてた一一月四日付の書簡で、良太郎が六日町に戻ってから行っていた手紙作戦について紹介し、「越後国魚沼郡六日町佐藤良太郎氏は必至手紙運動被下候、越後より度々数通長文を同志に贈り被下候、又内閣調査会報告書に対する反駁論も草稿を神田期成会に提出いたし候、皆郵信力を以て越後にて大運動いたし候。右に付貴下御一人にてもよろしく候間、御一書佐藤氏に御礼状相願度候」と伝えた[45]。

良太郎のこれらに対する返事は残っていないが、一〇月九日付と一一月二日付の正造宛書簡がある。とくに後者では、第一九議会に提出される鉱業法案に鉱業の禁止も停止も盛り込まれておらず、これでは足尾鉱毒問題を封印するものだと怒っている。「是非此議会にはたたき潰し候様不致候はば、実に国家百年の大患に御坐候」と、良太郎にしては珍しく激しい言葉を用いて政府を批判した。鉱毒問題に一向に光が見えないことへの焦りと、あるいは自らの身体がそれほど長く持たない事へのいらだちがあったのであろうか、「若し此義にして貫徹不致候はば、貴老始解決同志会、法曹社会、其他小生共に至迄、生中の鉱毒問題を担ぎ廻り、却て国家に鉱業者に対し寸毛の特別権利なき者たらしめ(仮令悪人の為したにもせよ)、以て国家の体面を醜陋にし、以て国家百年の患害を胚胎せしめたるの責を辞する能はざる義と御覚悟被下度候」とまで述べていた[46]。

一〇月九日付の良太郎の書簡では、対露問題と町村自治の問題に触れているのが注目される。対露問題については、東京における関心が対露問題に集中し、鉱毒問題がかえりみられていないことを嘆いている。三宅雪嶺が日本新聞で外交の優柔不断を批判したことにふれ、「若し戦争でも相始り候はば、まけても勝ても国は大困難に陥り申候」と、ロシアとの戦争に消極的な態度を示した。

この点では田中正造の認識に一致していたようである。正造は良太郎没後の一九〇四年九月九日に長女宛に葬儀の際の欠礼をわびる手紙を出しているが、そのなかで「畢竟小生の主義は無戦論にて、世界各国皆海陸軍全敗[廃]を希望し且つ祈るものに候。只人類は平和の戦争にこそ常に奮闘すべきもの。もし之を怠り、もしくは油断せば、終に殺伐戦争に至るものならん。」と記した[47]。

この頃の良太郎に目ざましいのは、その対外観がさらに研ぎすまされていったことである。頭山満らが対露同志会を発足させて、開戦を辞さない対露強硬論の世論を盛り上げようとしていたときに、良太郎は冷静であった。彼は一九〇三年八月の「雑記」に、次のように記している。「八月九日を以て対露同志会起る、蓋し開戦主義也、余の卑見は苟も本問題を決せんと欲せは少なくも左の問題の吟味を為し、而して後決定する如く致し候、未了にして軽忽に本会の趣旨を決する如き妄断たるを免かれさるべし、依て其項目を録す」、と。彼が記した項目としては、国の存亡、国の栄辱、国民の疾苦、国の利害、財政及経済、時処位、戦後の結果、の七つである。それぞれについて深く検討し、開戦するかどうかの当否を考えるべきであるというのが良太郎の提言であった[48]。人道にいかに関わるかに煩悶した良太郎は、正造とともに足尾鉱毒問題の解決のために力を尽くしつつあった。そして人道の観点に立って対外問題を考えると、直ちに日露開戦論には賛成することは出来なかったのであろう。だがそれを深めるための時間は残されておらず、病はさらに悪化して一九〇四年五月四日に逝った。

おわりに

佐藤良太郎は住民が主体となって地域を創っていくために自治が何より必要であると考えていたが、それは自律とともにであった。地域利害に沿った道路費や堤防費などの増額への県議の要求は激しかったが、良太郎にとって財政規模を超えた支出は厳しく戒められなければならなかった。その一方で暮らしや経営が立ち行かなくなるような諸税の徴収に反対した。等しく国税を納付しているのに「表日本」に資金が重点投下されることにも強く反発した。住民にも、そして県や国にも、県議会や国会を通して自律に基づく自治の必要性を力説した。

もうひとつは、人々の生活の価値を、健康で文化的かつ平和に暮らすことに見いだしていた。彼自身が病と闘わなければならなかったという背景のもとで、またそれ以前から、人々の人権を守るために何がしかのことを行い続けることに向けられていた。彼はいう。「今や人と資本とを争はしめ、是れ自由競争なり経済の発展是に依てか促進すと称し」、「疲憊困弊」している人々に対して、「尚優勝劣敗是れ当然となし措て顧みさるに至ては、道義観念の萎せる蓋し今日より甚しきは」ない、と。[49] 良太郎は、心ならずも支配的となった世の中の優勝劣敗の風潮を拒否し、人権を基軸とした公空間実現のため、議会などを舞台とした活動に献身した。

注

(1) 「越南新報」一九〇四年五月一九日付。
(2) 佐藤良太郎「余か半生」(佐藤家文書所収、以下「半生」と記載)一頁。
(3) 南魚沼郡教育会編『南魚沼郡誌』(一九二〇年)九四七頁。
(4) 「新潟新聞」一八八五年九月二六日付。
(5) 「半生」二〇頁。
(6) 「新潟県会議事速記録　明治一八年」(以下例えば「速記録一八」と記載)八三頁。
(7) 同前、一〇四頁。
(8) 同前、一五三―一五四、一五七頁。
(9) 同前、一七〇頁。
(10) 同前、三六〇―三六二頁。
(11) 同前、七〇三―七〇六頁。

(12) 前掲『南魚沼郡誌』九三四頁。
(13) 「速記録一八」四五三―四五五頁。
(14) 同前、五〇二―五〇五頁。
(15) 同前、五四二―五四五頁。
(16) 「速記録二〇」四〇頁。
(17) 同前、一〇五、一八九、四一九頁。
(18) 同前、四三〇―四三一頁。
(19) 同前、五三一頁。
(20) 「速記録二二」一八五、一八七頁。
(21) 同前、一四四頁
(22) 同前、一五六頁。
(23) 同前、九七二頁。
(24) 同前、九九九頁。
(25) 「速記録二三」五三三頁。
(26) 同前、五五三―五五七頁。
(27) 同前、六〇七頁。
(28) 同前、六一八―六一九頁。
(29) 同前、六三九頁。
(30) 「半生」一一七頁。
(31) 同前、一二三―一二六頁。
(32) 同前、一三四―一三五頁。
(33) 同前、一四三―一四七頁。
(34) 田中正造「日記」明治三七年五月（『田中正造全集』一〇巻、岩波書店、一九七八年、以下『田中』と記載）六一四頁。

(35) 佐藤良太郎「雑記　明治三十五年六月至十月」(佐藤家文書所収、以下「雑記三五」と記載)。
(36) 同前。
(37) 同前。
(38) 「静岡民友新聞」一九〇四年二月一五日付。
(39) 田中正造発、佐藤良太郎宛一九〇二年九月二九日付(『田中』一六巻、一九七九年)四九〇頁。
(40) 前掲「雑記三五」。
(41) 佐藤良太郎発、田中正造宛一九〇三年四月二三日付(『田中』別巻、一九八〇年)五八-五九頁。
(42) 佐藤良太郎発、田中正造宛一九〇三年七月三〇日付(同前)七三-七四頁。
(43) 佐藤良太郎発、左部彦次郎宛一九〇三年七月三〇日付(同前)七二-七三頁。
(44) 田中正造発、佐藤良太郎宛一九〇二年八月六日(前掲『田中』一六巻)六四七-六四八頁。
(45) 田中正造発、大出喜平宛一九〇二年一一月四日付(『田中』一五巻、一九七八年)五三頁。
(46) 佐藤良太郎発、田中正造宛一九〇三年一〇月九日付、一一月二日付(前掲『田中』別巻)八三-八四、八八-八九頁。
(47) 田中正造発、佐藤良太郎長女宛一九〇四年九月九日付(前掲『田中』一六巻)二四六頁。
(48) 佐藤良太郎「雑記　明治三十六年六月至九月」(佐藤家文書所収)。
(49) 「半生」一五七頁。

第二章　地域自治論の一系譜

——山口千代松の場合——

はじめに

本章では近代初期の自治の担い手として山口千代松をとりあげる。近代日本においては自由民権運動や初期社会主義、大正デモクラシー等の諸活動のなかで、住民を主人公とする新たな自治の思想と行動が生まれ、取り組まれていった。ただそれらとは若干ずれた思想的系譜のなかで、近世の伝統的な自治論の上に立ちつつ新たな自治の枠組みへと転形させた事例が地域のなかにうもれている。それらの水脈を探ることは、近代日本における自治の可能性や、地域発展の可能性を検討するために不可欠の作業である。

新潟県南魚沼郡は、全国的に見ても近世・近代を通して入会権をめぐるもっとも多くの裁判が争われた地域であったという(1)。入会権をめぐって地域間の利害が対立したとき、訴訟によってことの決着をはかるという歴史のなかで積み重ねられてきた経験が法的な発想を鍛えることにつながり、近代の枠組みのなかで自治をとらえ直す特徴的な視点を提供したともいえる。南魚沼郡において越南新報（魚沼新報）を創刊して地域のオピニオンリーダーとなり、郡会議長や六日町町長として地域自治の指導者となった欠之上《かけのうえ》村の山口千代松の場合がそれに当てはまる。入会権騒動のさなかに村政を担当した千代松は、一貫して村民の視点に立って自治をとらえるなかで、時の権威や権力と対抗し、特徴ある町村の自治を実践した。その足跡を微視的にたどるなかで、近代的自治論のひとつの系譜を跡づけることが出来よう。郡会や町議会における論議を通して、地域と自治をめぐる課題を追求したという意味でも注目に値する。彼も地域と自治をめぐる公空間を模索した。

第一節　自然村的自治論

1　生い立ち

千代松は山口安三の長男として、一八六四年（元治元）三月五日に南魚沼郡欠之上村で生まれた。祖父は五八といい、千代松がしたためた「欠之上近世史」によると、一八七五年（明治八）九月に死亡している。(2) 五八は、欠之上村・六日町村と君帰村・野田村とにまたがる沢山という入会地の権利をめぐる紛争がこじれて訴訟となった時、新潟裁判所に証拠物を持参した折りに病に倒れて亡くなったという。祖父は、欠之上村の重鎮として入会権をめぐる裁判に奔走していたことがわかる。

この裁判では、同年一一月に欠之上村・六日町村側が敗訴した。六日町村はこの時点で控訴を断念したので、欠之上村のみで訴訟を継続することになった。欠之上村の重立は毎月のように費用を支出し、村民は燈火を村にある二つの天満宮に毎月ささげるなど村ぐるみで取り組んだ結果、一八七八年に至って君帰村・野田村の沢山への入会権を否定する判決が出た。千代松はこのとき数え年一五歳であるが、入会権をめぐる事件の経緯は彼自身の村への想いをいたす原点になったであろう。

この入会地をめぐって禁伐林免訴の問題が起こったとき、千代松は初めて渦中の人となる。彼の村政へのデビューとなった問題の推移を追うことにしよう。一八八七年に政府は地租改正条例を改正し、禁伐林については地租を免ずることとした。それにしたがい六日町収税部は、さきに入会権問題で訴訟対象となった沢山について、昔から禁伐林だったのでこの際免訴願いを出すようにと通告した。六日町村の佐藤良太郎戸長は、禁伐林に指定されると六日町村にとって不利になるとこれを拒否した。そのため欠之上村は単独で免訴願いを作成して提出した。このとき中俣正吉戸長の命により免訴願いを書いたのが千代松である。一八八八年に入って、免訴の許可が下りた。

この免訴許可を知った六日町村は、対抗措置として沢山の禁伐林解除を県に申請した。欠之上村では村中惣談会を開き、もし大木が伐採されることになると数百年来の慣行を破ることになり、住民生活にも支障をきたすとして、あくまで反対することになった。この惣談会で、問題の対応を中俣正吉と山口千代松に一任することが決まったという。中俣正吉らは、大木をそのまま残すことは水源の涵養のために必要不可欠であり、数百年来の慣行を破ることは認められないと、県に直接出頭したり書面を提出するなどにより訴えた。結局この問題は二年余の紛糾を経て、六日町村の遠藤利太郎の仲裁により、六日町村が県への禁伐林解除を取り下げ、一八八八年の免訴願いを両村連名で再提出することで決着がついたのであるが、その交渉過程を通じて千代松の行政手腕が欠之上村民に広く知られるようになった。そのためであろう、決着後両村の関係を密接にするために道路を改良することになった時、同工事の管理を千代松が請け負うことになった。(3)

2　赤痢患者隔離問題

千代松は一八九九年前後の時期に上田組合村の村長の任にあった。(4) 上田組合村とは、一八八九年の市制町村制の施行に伴う町村合併の際に、資力や人口が基準に満たない余川・君帰・欠之上・川窪・美佐島・八幡の六か村が合併を嫌って特例によりつくった組織である。新潟県内では一四の組合村があったが、日露戦後まで維持されたのは同組合村のみであった。

一八九九年八月一二日、川窪村の住民が赤痢を罹った。山口千代松村長は病人が自宅治療を希望したのでその旨を記した認諾申請書を警察署に出した。千代松自身は伝染病予防法等に沿って対応したつもりであったが、警察からは隔離病舎に収容するようにとの指示が出された。千代松は警察の方が法律に則っていないとして、村長の職権により自宅治療を許可した。それに対し、翌日には木村定五郎郡長が村長への説得にあたり、その次の日には福江虎治郎警察署長が役場に来てあくまで病舎に収容するよう要請した。このとき署長が、要請に応じなければ巡査により強制的に収容すると述べた。村長は暴力を以てするならば暴力を以て防ぐしかないと反論し、翌日郡長に対して憲兵の派遣を請求するに至る。一五日、巡査二名と人夫二名が患者の家に向かったので、村長は助役と書記を患者宅に派遣すると同時に、郡役所に乗り込んでもし強行するなら村長の職を解いてからにして欲しいと談判した。郡長は、医師の診断なしに手続きを進めたことは問題があるとして当日の強制収容を断念したが、結局その翌日に収容した。

しかし郡長はその数日後、病舎は狭隘で粗末であり、患者の収容に適していないとして、病舎を新設するよう命じた。村議会は、その翌春の予算審議において、警察と郡役所は法律を無視して自治を蹂躙した上、さらに村に対して病舎建設まで求めることには断乎応じられないとして、それを拒否した。郡長は、それならとりあえず県費で建て、あとで組合村から徴収するという案を出した。そこで組合村の議員の多くは、郡と妥協するために、現病舎の改修ということで収めたいと村長に申し入れた。村長は、これまで村の意向を受けて行動してきたのにここで郡長の意向に沿って妥協することは出来ないとして辞表を出した。議員は村長退任を郡長に報告し、結局現病舎を修繕することで問題は落着したのである。その後組合村会は、再び千代松を村長に選任したのだが、これに県は許可を出さなかったという。(5)

第二節　南魚沼郡会をめぐる活動

1　越南新報の創刊と郡会問題

この赤痢患者収容問題の推移と結末は、千代松にとって到底納得のいくものではなかった。彼は村長退職後自宅で農業を営みつつも、立憲国下に法律に基づかない処置によって住民の権利や利益が侵害される事態を放置することは出来ないと考えた。その思いが、この際地元で新聞を刊行しようという構想につながった。彼は一九〇〇年四月にはいると山田弥平を訪ね、新聞発行について相談した。山田はこれに賛成し、九月以降一緒に南魚沼郡の有力者を訪ねて資金協力を仰いだ結果、一か月余で千円以上が集まった。早速印刷機器を購入し、翌一九〇一年一月一日、越南新報の発刊にこぎつけた。(6)創刊号の社説は、それまで刊行されていた他の新聞が党派感情に左右されていることを批判し、「毅然独立の気宇を以て現今時世の頽波を挽回し人心の腐敗を医し、風俗の壊乱を矯め以て国家の元気を養はんとす」と述べている。さらに論説「本紙発行の趣旨」において強調されたのは、かつては栄えていた越南の地が北越鉄道開通以来「今や変じて辺隅の一小天地と化し」社会の進運に取り残されているという危機感であった。(7)

創刊直後の越南新報の社論は、最上層の名望家に独占されている郡会と、官僚組織の中間代表者である郡長への徹底した批判に向けられた。一月四日に発行された第二号の社説「大に郡民に警告す」では、南魚沼郡が郡会に提出しようとしている二大事業に強く反対した。ひとつは五十沢村二日町と北魚沼郡小出町を結ぶ郡道への支出一万余円、もう一つは郡立農業学校の創立費一万円と毎年必要な維持費三千円を合わせた経費である。いずれも事業そのものの当否というより、支出に対して住民の受益があまりに過小なので、一郡の資力からみると適切な事業ではないとする点にあった。(8)

一月七日に開かれた南魚沼郡会では冒頭に郡長不信任案が満場一致で決議された。郡会議員は、郡長が官房を設けて官尊の風を助長したこと、下級郡書記を教育担当者として無謀な教員交替を行ったこと、越南新報がとりあげた農業学校や郡道の新設経費など十項目の理由をあげて郡長の責任を追及した。

一月二二日付の越南新報には「山口生」と記した社説「郡会に対する所見」が掲載された。千代松は、以下のような批判を展開した。第一に、郡会が郡長不信任の理由としてあげた郡書記による無謀な教員の交替については、その批判は郡長というより郡視学に向けられるべきものである。第二に、郡道の新設等の郡事業案は、郡会選出の参事会員と郡長が合議して決定したものであり、それを理由に郡長を不信任とすることは自己矛盾である。第三に、郡長の施政については郡会内に賛成派と反対派がいるが、賛成派が不信任案を提出して全会一致で決議したことの裏には何らかの工作があったとしか考えられず、まったく理解出来ない行為である。第四に、そのような行動に出た郡会議員にそれまでは頼りつつ郡政を進めようとしていた郡長に大きな過失がある。したがって郡長はその責任をとって辞職すべきである、と。(9)

この社説で展開した議論は、多くの読者から喝采を受けたという。二月二五日には内務大臣が南魚沼郡会の解散命令を出した。(10)さらに木村郡長も三月三〇日付で依願免官となった。郡会と郡長をめぐる攻防の結末は、創立早々の越南新報の大成果となった。[11]

後任には清水中四郎郡長が就任した。かつて自由党に参加して民権の伸張を主張した人で、新潟県庁内で敏腕の聞こえ高い人をあえて送り込んだと評された。[12] また解散後の郡会の再選挙は五月一五日に実施され、山口千代松も初当選した。六月五日に開かれた臨時郡会では、副議長選挙で千代松に三票が、参事会員選挙では七票が集まった。さらに参事会員の残り二人を決める決選投票では一二票を得て、当選した。[13] 新郡会において、すでに千代松を参事会員に当選させるほどの支持者がいたことを示していよう。

2　町村合併問題

新編成の郡会でさっそく問題になったのは町村合併問題であった。すでに年初の一九〇一年一月七日の郡会に郡長から二〇か町村の合併区域案が提案されていたというが、その後南北薮神村に浦佐村を加えて一村とするなどの修正が加えられていた。町村長協議会は、その理由を詰問するとともに、村長の多数は今回の合併に反対であること、郡書記が協議会の反対論に対して威嚇したことなどが伝えられた。[14]

越南新報の社説は、町村合併そのものに反対するものではないが、当局者が関係町村の意志に反して強制的に実施することに強く反対した。[15] 自治体の運営は協同一致で進めなければならず、町村の区域の決定はそのためにこそ最も重要な事柄である。市町村制に規定する町村の資力は運用によって大きく左右されるのであるから、必要に応じて町村組合などを活用することで町村の経営を行っていけばいい、という考えであった。

諮問案で提示されている六か村組合村と六日町との合併については郡会も郡長も異論がなかった。ただし各村議会は、諮問案に不同意ではないが従来通りが望ましいと消極的な姿勢を示した。隣村の小栗山村は、六日町との合併に不同意ではないとしつつも、さらに六か村の組合村を含めた合併を希望したので、合併論はさらに曲折する。[16]

県当局は、この小栗山村の意見を受けて、六日町村の合同相手として小栗山村、大富村西泉田、三和村東泉田・大月と六か村組合村のすべてを含む大合同案を第二次諮問案として提案した。しかし同案に対し、今度は六か村組合の側が絶対反対を主張した。八月一八日に開かれた郡参事会では、多数はこの案を受け入れるべきだと主張したが、千代松は詳細な調査と検討に基づいて第一次案がまとめられたのであるから、それを簡単に修正することは郡民の嘲笑を買うと述べて一人退場したという。[17]

小栗山村は同案に賛成した。六日町は大富村を加えるべきだと主張した。しかしその大富村は合併に反対し、大挙して郡役所に押し寄せた。一方余川村など六か村組合では、第二次諮問案は村民の意志に反したものであるとして、村長・助役・書記が総辞職してしまった。そしてこれを承認した郡参事会に反省を求めると共に、県庁や内務省に陳情を繰り返した。またこの頃町村合併に反対する町村によって新潟県自治同盟会が結成された。自治同盟会の南魚沼支部会に大君田村・神立村・湯沢村・上関村・富貴村・三和村・西五十沢村が加わった。七月に開かれた会合では、県知事への陳情委員を各村から選出すること、上京委員二名を選出して内務大臣に陳情することが決議された。[18]

これらの陳情が実って内務大臣は県参事会の第二次諮問案に対し、その再考を求め同案を却下した。このことを報じた越南新報の社説は、内務省の決定を歓迎し、県参事会による第二次諮問案の強行決定は自由と民権の精神に反し、人民の権利を著しく蹂躪した行為であると糾弾した。[19] 越南新報によると、県参事会員はすべて進歩派で強制合併論を主張していたという。この合併問題をめぐって、県会の多数派である進歩派が合併を強く進めようとしていたのに対し、野党側の政友派が反対するという構図が見えてくる。しかし中央政界ではこのとき政友会総裁に伊藤博文が就任していた。政友会は第四次伊藤内閣を引き継いだ第一次桂内閣の与党的役割を果たしていたから、新潟県議会の多数派とは反対の立場に立っていたことになる。そのことが内務省の決定に影響を与えたと見ることが出来ない訳ではない。千代松がこの時期に、彼が自由民権と自治を継承すると見なした政友派との接点を深めることになったことも、その点に基因していると思われる。ただその接点には、微妙なものがあった。

一九〇二年六月に開かれた政友会新潟支部大会において、千代松は八月に実施される衆議院議員選挙の南魚沼郡選挙委員の二名のうちのひとりに指名された[20]。しかし越南新報の六月二八日付の社説「選挙人に告ぐ」は政友会支持を打ち出してはおらず、むしろ批判的な言説を展開している。町村合併問題をめぐって、政友会支部が合併反対派の先頭に立って運動を進めたように見えるが、実はそれほどではないことは、その当時政友会に加入して目的を達成しようとした中之島村などが合併を余儀なくされたことからもうかがえる。一方余川村組合五か村や大富村からはひとりも政友会に加入していないが、合併を強行されなかった。越南新報はこの点にふれて「政友会の力にあらずして町村運動の力」であると指摘し、政友会があたかも自分たちの力で合併を斥けたように振る舞っていることを強く批判した[21]。

一九〇三年二月に赴任した阿部浩知事は、二年前に実現しなかった積み残し分の町村合併を進めることを指示した。このとき作成された案は「第二次町村配置分合処分案」であった。処分を実施するという認識だったことがわかる。この処分案には、当然六日町の大合併案も含まれていた[22]。知事の命を受けた佐柳県参事官が一〇月一二日に南魚沼郡に入り、町村の重立を招集して合併の実施を促した。このことを伝えた越南新報は、わずか中一年をへだてて再び合併問題を提起したのは「軽躁」といわざるを得ないと強く反対した[23]。一九〇一年に合併した南魚沼郡中之島村では、村会議員選挙結果に対して訴願訴訟合戦が起こるなどこの三年間騒動が続いていること、合併の強行は町村自治の発達を阻害することなどが挙げられ、町村の区域はその生計の程度や業務の状態に基づいて決められるべきで、住民の意向をこそ尊重すべきであると改めて主張した。

新潟県側は、小栗山村が全面賛成し六日町も三和村・大富村のすべてを含む合併まで考えているのに対し、旧来の据え置きを主張する側の論理はいずれも「区々たる感情に胚胎したるものにて採用すべき必要を認めず」と突き放した。一方南魚沼郡参事会は六日町・八幡村・三和村の合併、小栗山村・余川村・君帰村・欠之上村・川窪村・美佐島村の合併、長崎村・旭村・南旭村・三和村雲洞の合併という三つにくくった案をまとめた。焦点の六か村は、六日町と合併せず独自に進むという案であった。県の方はこれを「姑息の方案」であると切り捨てた。内務省は郡参事会が反対を唱えたため同案を強行することは望ましくないと判断し、今回も決定には至らなかった。

その後中俣正吉と山口千代松は欠之上村議会の議決を携えて内務省に陳情した。内務省からこの陳情のことを問われた阿部知事は、欠之上村の資力は薄弱であり、また六か村組合のうちの二か村は実際には合併に賛成しているので、強いて欠之上村の内情に配慮する必要はないと返答している。一九〇四年九月のことである。阿部知事は何度か懸案の町村合併の許可を内務省に申請したというが、すでに二月には日露戦争が始まっており、そのまま保留となった[24]。

そして日露戦後の一九〇六年二月に内務省はさきに知事が申請していた合併処分案を突然認めた[25]。日露戦後の経営のために待ったなしで実施しなければならないと認識したからであろう。同年四月一日に六日町の大合併が成った。新潟県で最後まで残っていた組合村である六か村組合がここに消滅した。

第三節　町村自治の模索

1　巡査部長侮辱告発事件

越南新報は、一九〇七年に魚沼新報と名称を変えていたが、その年の一二月一九日から四回にわたり「笞杖巡査部長山田福次郎」を連載した。巡査部長は「立憲治下の警察官吏にあるまじき不都合な奴」で、「人民を苦しめ、神聖であるべき官吏の職を辱しめ」ていると、いくつもの事例を挙げげつつ批判した。これは千代松が骨子を伝えて同社の松原記者が執筆した記事であったという。山田巡査部長は官吏侮辱罪にあたるとして、最初の記事が載った日以降相次いで新潟地方裁判所長岡支部宛に告発状を提出した。(26)

一九〇八年二月、長岡支部は官吏侮辱にあたるとして、千代松に重禁固二か月、執行猶予二年の判決を下した。彼は直ちに東京控訴院に控訴したが、四月に控訴院は原判決通りであると判断した。そこでさらに大審院に上告し、今度は執行猶予なしの重禁固刑で確定した。この控訴・上告による重禁固刑は、不本意な結果のように見えるが、実は意図したものであった。というのは、当時千代松は魚沼新報社長のほか、南魚沼郡会議長、南魚沼郡蚕糸同業組合長、六日町議会議員等の要職についていた。官吏侮辱の刑が確定すると、それらの公職をすべて辞職することになる。であれば執行猶予の場合の二年間にわたる空白より、二か月間実刑に服した方が公務不在の期間が短期で済むと判断したからだという。(27)

千代松は七月二六日から二か月間、小千谷の監獄に入監したが、看守からは特別の待遇を受けたという。トレードマークの髭を剃ることは求められず、入浴時間や作業時間にも便宜がはかられた。彼の入獄が当時の人々にとってむしろ不当のものであったと考えられたことを背景としているのであろう。実際郡長を含めた地域住民は、巡査部長の告発と裁判所の判決ではなく、千代松の言論や行動の方を支持していた。

入獄の前日には島田南魚沼郡長が歓送の昼食会を開いた。刑期満了で帰宅した際には、大勢が出迎え、村々を通過するたびに煙火が打ち上げられた。料理屋での慰安会は、政派を越えた一二〇余人が集まって立錐の余地がないほどの盛会であった。千代松自身「官吏侮辱の入獄は予の為め最も幸福にして又最も愉快のものたり」と回想している。(28) その直後に六日町議員補欠選挙が実施され議員に復帰した。南魚沼郡蚕糸同業組合長にもすぐに復帰し、一一月に長野県で開かれた共進会に組合長として出席している。

2 自治の模索と実践

千代松が最も関心を寄せていたのは、自分たちが住んでいる地域の発展であった。そのために自治を根づかせることが必要と考えた。第一に、自治体を含めどのような団体であろうと補助金に頼るような運営はすべきではないとした。第二に、自治体は個性に応じて独自の経営を積極的に行うことで、住民に幸福をもたらすような施策を行わなければならないと考えた。第三に、人材の育成が必要で、そのためには学校教育を充実させなければならないとした。

まず補助金問題である。彼は郡会議員に初登壇して以来、晩年の六日町町会議員としての活動まで、一貫して自治体財政の歳費節減論を主張していた。一九〇四年一月の郡会では、郡民一般が十中八九必要を感じていないものは補助すべきではないとして、郡教育会補助金の全廃説をとなえて否決され、染織学校補助費全廃説も否決され、産馬組合補助費も原案の可決となったが、ただ農工産物品評会費のみは削除説が一〇人にのぼり全廃に決した(29)。千代松は越南新報に詳細な郡会傍聴録を掲載した。あわせて社説「補助の弊害を論じて郡会に及ぶ」において、英米の場合独立心が旺盛で補助を求めることはないが、日本ではとかく補助を官に仰ぐ傾向が近年益々盛んになっていることを憂えた。なかにはただ補助そのものを目的とする事業があり、また公共事業の名を借りて私腹を肥やそうとする事業さえある。住民がみんな重税に苦しんでいるのに、国会から郡会まで補助金を認めることに汲々としている状況がますます顕著になっている。この弊風をいま変えなければやがて「国家の大患」となってしまうだろう。この際国も県も郡も経費を節減して民力を休養すべきである。郡事業として必要なものは、削減後に改めてきちんと考えるべきである、と切言したのである(30)。

それではどのようにして事業を行うべきか。請われて南魚沼郡蚕糸同業組合長に就任したときの活動が、その答えの一端を示しているだろう。千代松は一九〇一年に組合長になると、巡回教師の給料の一部を組合に寄付させるなどにより負債の削減をはかる一方で地域振興のねらいもあって三国村二居に養蚕伝習所をつくって技術の向上に資し、また郡内の有力者に援助を求めて桑園を開設した。群馬県下仁田社と交渉して同社に加入することで器械製糸ではなく座繰製糸による効率的な糸の生産をはかった。また魚沼三郡聯合蚕糸品評会を開いた。また県の蚕糸政策に業者側が不満を募らせたので、蚕糸同業組合を解散して、蚕種同業組合を発足させた。これには県が反対して取消を求めたが、法的には有効であるとして一九一〇年に農商務大臣の許可を得た(31)。

その経緯を踏まえてのことであろう、良質の蚕種を得るために知恵を絞った。与板町で雪囲いによる蚕種の貯蔵を行っていた三輪振次郎を訪ねて雪囲いの効用を確かめたうえ、豪雪地帯の六日町であるから、巨大冷蔵庫を作って蚕種の貯蔵用とし、そればかりではなく、料理屋や病院が使えるようにすればいいと方々に呼びかけて事業化した。しかし貯めた雪が魚野川の洪水で流れてしまうなど、事業は円滑に進まず、負債がたまりつつあった。それを六日町銀行から資金を借りるなどして切り抜けた。繭の貯蔵や料理屋の需要などが増える中で、ついに負債を償却して配当を出すまでになったという(32)。

第四節　自治行政の追求

1　六日町町長時代

千代松は、一九一〇年一〇月二二日の町議会で六日町町長に指名された。町長に就任した千代松がまず取り組んだのは、町税のしくみを変えることであった。町税戸数割賦課法の改正を実施するという年来の考えに着手した。町税戸数割賦課額は、所得や財産に応じて等級を決めて支払額を算出する。その比率は町村によって異なるものの、一般に有産者に有利な制度になっていた。千代松は県下の各町村の賦課法を取り寄せ、三〇町村ほどについて比較検討した。その大半はそれまで六日町がとっていた制度と同様であった。三島郡来迎寺村の場合、信用組合の活動が有名だったものの、調べてみると意外なことに三〇町村余のうちで最も有産者に軽く無産者に重い賦課法をとっていた。他方中頸城郡板倉村は、地租賦課額に沿って等級個数を累進的に決めるという方法をとっていた。同じ中頸城郡の津有村では累進等級を所得税にのみ適用する方法をとっていた。これらを参考にして千代松が考えた案は、下級営業者の負担を減ずるなど下層の負担を軽くすることに重きを置いた累進税率に沿った案であった。それを町議会に、参考として板倉村の例を配布しつつ提案した。だが当時の町会議員のほとんどは資産家層であり、町議会ではさすがに採用に至らなかったという(33)。

町税の問題で千代松の面目がみられた例として、高梨税務署長の町税納税問題事件があげられる。高梨署長は長野県須坂町の出身であり、六日町には単身赴任だったので寄留届を出しておらず、町税を納税していなかった。千代松町長はかまわず徴税令書を送付した。署長は、一戸を構えていないので納税の義務はないと異議を申し立てた。署長の判断は、従来行政裁判所で採られた判例に拠っていた。しかし内務省はそのように判断していなかった。そこで千代松町長は町会を招集し、次のように提言した。そもそも一戸を構えているとは、借家とか間借とかの形式上のことではなく独立の家計を営んでいるかどうかである。町内に住んでいる人が伝染病になったり、不慮の災害にあったときは町費を使って救助することになる。貧しくて町税を払えないのならともかく、一官衙の長なのだから進んで町税を払うべきである。高梨署長の異議申立は理由がなく、採用できない、と。町議会では、この町長の提案を議決した。千代松町長はこれを受けて高梨税務署長に議決書を送付し、合わせて一八八三年制定の内務省達寄留手続法に背反しているとして警察署に出頭して彼を告発した。

高梨署長はあわてて北見郡長に告発を取り下げるよう依頼した。そこで北見郡長は千代松町長に面会し、告発の撤回を求めた。千代松は、一官衙の長であるにもかかわらずわずかの町税をのがれようとする心情が許せない、この際懲らしめのため告発の撤回は断ると述べた。しかし郡長は重ねて頭を下げて取り下げを依頼した。結局郡長が高梨署長の町税をすべて収入役に納付することで、告発を取り下げることになった(34)。

次に千代松町長は、教員の異動や給料の増俸などについて、郡長が勝手に決めるのではなく町長の同意を得て行うよう郡長に注文を出した。教員の給料を実際に支払っているのは町村であるから、その金額は町村の年度予算や教育施設整備に直接関係しているというのがその理由であった。島田郡長は、たしかに名目は国民教育で国が責任をもつことになっているが、給料は町村が支払っているので、千代松町長のいうように町村長の同意を得て実施するのは当然だと答えた。もし両者の意見が合わないときにも、町長の意に反して決定することはないと伝えたという[35]。

他方町の事業として常設の家畜市場を開設することに情熱を燃やした。島田郡長と夜行列車で上京した折りに三河島常設家畜市場を訪問し、このような施設を町営により設置することは最も望ましいと考えた。そこで帰町後に今成順平の協力を得て着々調査を進めた。その結果、常設市場ではなく定期市場とすること、開催日の前後各一〇日間は区域内で家畜の売買を禁止するなど六日町に足を運ばなければ家畜の売買が出来ないようなしくみをつくることにより、町営定期市場を運営できるだろうとの見通しをつけた。うまくいけば町財政にも貢献できるので、勇んで町会を招集してこれを提案した。しかし議員側の対応は冷淡で、千代松の説明を信用しなかった。これまで家畜市場がなくても別に不便はなかったのだから、新たな施設を作る必要はない、町のためには定期市場は作らない方がいいとの考えが大勢を占め、提案は否決された[36]。

このように千代松の町政は、戸数割賦課額の修正や町営家畜市場新設などについては町議会の賛成を得られず実施に移せなかったものの、教育を含む住民生活の向上を基軸とした諸施策の実施のために積極的に取り組んだ。

2　千代松の「自治論」

千代松は一九二一年一二月に「自治論」と題する、自治に関する持論を展開した著述を執筆した[37]。その「凡例」には「本書は有志の乞いにより自治に関する講習講話をなしたる要領を記し、自治研究者の参考資料に供せんか為め輯録せしものにして学課の研究よりは実務を主とし成るへく実際に適せしめんことを期したるものなり」と記されている。南魚沼郡で起こった事実をもとに自らの体験に根ざした実際的考察であるという。

彼は第二章で「自治」について論じている。自治は、「自発的意味を最も必要なる元素とせざるべからず」とするが、何のための自発性かが問われる。ここでも古来の「貧民の救済及び鰥寡孤独の恤救不幸者の救助に関する慣習」が最も重要であるとし、「極するところ犠牲的精神を以て弱者を助くることを第一とし、従て社会政策に重きを置くべきこと凡ての施設経営につき此の意味を必要条件としてなさざるべからず。即ち下層人民救済の意味は凡ての施設経営に就て最も注意を払ふべきものと」述べた。

それでは町村はどのように経営されるべきか。第四章「町村の経営」では、町村全体の利害得失を考究して運営するための第一の要諦を「成るべく内容迄も町村民全体に知悉せしむる」ところに置いている。従来町村民の多くは、町村の財政状態をはじめ施設経営の具体的内容を知らないので疑心暗鬼となる。それが多数町村民の利益となり便利となる事業であることが理解できれば、感情的な反発は消えて賛否を決することが出来るようになる。そのためには町村会の議事を傍聴できるようにすべきである。そのことを通して、住民は代議制度の趣旨を理解するようになるだろうし、町村の理事者による秘密主義や「少数者と結託して多数を圧せんとする悪意」の疑いもなくなるだろう。

第二の要諦は、町村の経営にあたって「常に社会政策の意味を忘却」しないようにすることである。そのための財源を別の所に求める必要が出てくる。電気事業や水道事業は、公共の性質を持ち、世の進歩、町村の発展と共に事業が拡大して、収入も増加する。これらは町村の財源として適当であるばかりでなく、町村発展のために最も必要にして欠くべからざるものなので、これらの事業を町村営として計画することが最も適当である。小規模の町村でそれが無理なら、より小さな事業、すなわち屠畜場や家畜市場、牛馬の牧場、瓦斯事業、火葬場など町村の状態と財政の都合によって適切なものを選択して経営することが町村経営上最も重要なる責務である。なお道路改修などは一見不生産的事業のように見えるが、交通の便を図るものであり「無形の財源政策」ということができる。

このように自治とはその枠組みを整えることではなく、地域の住民生活を充実させることであり、そのためには住民の意志に基づいたものでなければならなかった。第五章「結論」において強調されているのは、「自治は町村住民多数の意見を満足せしむべきものにして即ち輿論政治」であるとする点である。理事者は多くの場合名望家の出であるが、「下層の住民は殆んど自由の意志を表示し得ざるの状況」にあるので、問題に即して「住民各個に対する利害得失の関係を考究したる上決すべきもの」であるとする。その一方で住民多数の意見であっても、住民に自治の訓練がない場合は「徒らに付和雷同」の政治となってしまう、と留保を付している。

道路や水路の急破を修繕したり、町村税を徴税するなど町村に必要不可欠の事業を民意に添って淡々と進めるのが町村の役割であり、その方向性がきちんとしめされているかどうかはひとえに住民の町村自治への関心の度合いと訓練の如何による、というのが千代松の考えであった。

3　自治論の継承

なお千代松晩年の議会活動と「自治論」の著述が、新たな自治の担い手である次世代の青年達にバトンタッチされていったことに留意しておこう。戦後の一九四七年四月に六日町町長となったのは雲尾東岳で、その後二年間在任している。また一九五四年二月から岩野良平が町長となった。これら町政のもとで農会長等を歴任しながらそれを支えた内山徳松は、戦前における千代松と青年たちとの自治研究会における交流について次のように回想している。(38)

こうした情勢の時、元町長であった大字欠ノ上出身の山口千代松氏が岩野良平青年を将来六日町町長になる人物と見込み、地方自治法を講義指導することになり、自治研究会と銘打って青年達に呼びかけ勉強会をもった。自治研究会はいまでも三読会より各部落にまでその名が知られている。山口千代松氏は町長時代官の誣告罪に問われて投獄の経験もあるが、氏が刑を終え帰町の時は町民が花火を打ち揚げ歓迎したという逸話をもつ反骨の人である。……とにかく自治研究会が六日町における革新運動の先駆的役割を果たしてきたことは事実である。岩野、平賀氏らによって各部落で座談会が開かれ、青年達に町政への啓蒙指導が行われた結果、昭和七年始めて町会議員選挙に小作農民から町議をおくることになった。

千代松は「自治論」において、住民自身が自治の担い手として自覚的に活動する状況が生まれるよう希求した。その担い手が一九二〇年代から三〇年代の六日町に登場した青年達であった。彼らは名望家中心の六日町議会に対して、当初は議員である千代松を介して、次いで自らの代表を送って自分たちの見解を反映させようとした。

同じく自治研究会の会員として千代松の薫陶を受けた平賀錬二は、以下のように記した。

自治研などと云っても吾々には初め町会には何の窓口も無かった。町会内のことは欠之上の山口千代松氏から色々と教えていただいた。山口氏と吾々は親と孫位の年齢の開きがあって、氏は長老であったが、実に気の置けない方であった。若造の吾々を親切に友達のようにあつかうのであった。私共は親愛をこめて陰では山口老と呼んだ。山口老は町長を辞された後も、欠之上から町議として出てこられ町会にのぞまれた。硬骨な言論を吐かれるためか、町会議場では殆んどの町議に反対され乍ら、これを物ともせず独り滔々として気骨溢れる主張をつづけ、孤軍奮闘された。自治研の念願する点を議会で述べていただいた事もあった。嫌な顔もされず町政について色々と説明された。幼稚ながら吾々の旧体制に反対する気持ちを可愛がって居られ

たのかも知れぬ。(39)

おわりに

ふりかえれば千代松の郡政と郡会批判の焦点は、財政規模に見合った自治的な支出のあり方を考えることに合わせられていた。町村合併そのものに反対したのではないが、合併によって明治維新以前から継承されてきた入会権等を核とする村の自治的紐帯が断たれてしまうことへの強い批判意識が彼の越南新報による言論活動を支えた。国家の存立は、貧民の救済、弱小村の立て直し等を行いうる限りにおいて正当性を持つのであった。そしてその末端組織としての町村運営を支えるのは、議会を通しての住民自身による住民自治実現への強い意志以外のものではなかった。千代松が求めた公空間とは、そのような過程を通して地域住民が自治を獲得することであっただろう。

注

(1) 新潟県南魚沼郡は、藩政期には「山林原野に就て村と村との間に於ける訴訟及び紛擾甚だ多く……訴訟行為をなさざりし村とては一村も之れな」かった。また明治期においても「村と村の間に於ける山林原野に関する訴訟甚だ多く実に日本帝国中南魚沼郡を以て山林原野に関する訴訟の多きは第一位を占むるものなりと吾輩之れを東京の或る弁護士に聞」いたという(「越南新報」一九〇三年一〇月二日付の社説「再び町村合併について」)。

(2) 山口千代松手記「欠之上近世史」(以下の山口家資料はすべて毛筆で記されている。「 」内の表題は原資料にはないもので、内容に即して資料整理上つけられたものである。「欠之上近世史」の記述は一九三二年まで及んでおり、最晩年の執筆であることがわかる。「山口弘家所蔵文書」所収、以下「山口家」と省略）。
（3）山口、同上「欠之上近世史」。
（4）山口千代松手記「赤痢患者収容問題」（明治三二年〜、「山口家」所収）。
（5）山口、同上「赤痢患者収容問題」。
（6）山口千代松手記「越南新報及蚕糸業組合等」（明治三三年〜、「山口家」所収）。
（7）越南新報社「越南新報」第一号、一九〇一年一月一日付（編集人山口千代松、発行兼印刷人山田弥平、以下「越」と省略）。
（8）「越」一九〇一年一月四日付。
（9）「越」一九〇一年一月二二日付。
（10）「越」一九〇一年三月一日付。
（11）「越」一九〇一年四月四日付。
（12）「越」一九〇一年五月一六日付。
（13）「越」一九〇一年六月七日付。
（14）新潟県地方課「明治二十一年　郡長意見並戸長惣代答申書類　南魚」四月二二日付。
（15）「越」一九〇一年四月一日、五月七日付。
（16）新潟県総務部地方課編『新潟県市町村合併誌』上巻（一九六二年）八二七―八二八頁。
（17）「越」一九〇一年八月二三日付。
（18）「越」一九〇一年八月七日付。
（19）「越」一九〇一年九月二二日付。
（20）「越」一九〇二年六月一九日付。
（21）「越」一九〇二年六月二八日付。
（22）前掲『新潟県市町村合併誌』、八一八―八二七頁。
（23）「越」一九〇二年一〇月一三日、二二日、二五日付。
（24）この間尚武会への補助金支出をめぐって、余川村他五か村と郡参事会が対立し、県参事会に持ち込まれた経緯については一

九〇五年八月一日付の地方課発南魚沼郡長宛「違法議決処分ニ関スル件」を参照（新潟県地方課「自明治三十七至三十九年　市町村制関係書類」所収）。

(25) 前掲『新潟県市町村合併誌』八二七頁。

(26) 山口千代松手記「官吏侮辱事件始末記」（明治四一年〜、「山口家」所収）。

(27) 同前。

(28) 同前。

(29) 「越」一九〇四年三月一九日付。

(30) 「越」一九〇四年一月一九日付。

(31) 山口、前掲「越南新報及蚕糸業組合等」。

(32) 山口千代松手記「学校建築他役場事務他」（明治四二年〜、「山口家」所収）。

(33) 山口、前掲「学校建築他」。

(34) 同前。

(35) 同前。

(36) 同前。

(37) 山口千代松手記「大正十年十二月　自治論」。以下すべて同「自治論」による。

(38) 内山徳松『私の半生記』（上村印刷所、一九八五年）二六－二七頁。

(39) 平賀錬二手記「自治研と私（草稿）」（一九七二年一月二十五日）五八－五九頁。

第三章　中小都市の公空間

――一九〇〇年前後の長岡市――

はじめに

都市化の進展にともない、農村部と都市部、富者と貧者といったそれまでとは異質の対立が地域社会に持ち込まれた。郡会や市町村議会にはこれらの対立を調整する機能が求められることになる。この一九〇〇年前後の新たな状況をめぐって、本章では中小都市である新潟県長岡市の事例を検討する。

長岡に市制が施行されたのは、一九〇六年四月一日であった。もちろん市になったからといって、国庫補助金が増えるなど、特別の利点が得られたわけではない。それでも郡や町村という枠から抜け出して、独自に市会議員を選挙し、市長を選べるようになった。郡長の指導監督の下からはずれた分、自治権が強まった。

市制・町村制という新しい地方制度がつくられたのは、それより一七年さかのぼる一八八九年四月である。人口二万五千人以上の市街地であれば、市になる資格があった。当時、長岡の市街地人口は三万七四〇人で、全国で二九番目だったので、市になる条件は備わっていた。しかし人口四万三八人の新潟が市になったこと、長岡の人々があまり積極的でなかったことなどが影響したのであろう、長岡は市にならなかった。後に東京帝大総長となる小野塚喜平次は、一八九三年一月刊の『郷友会雑誌』に「長岡市街何ぞ統一せざる」と題して、実利上も面目上も速やかに市制を施行することが必要だと訴えた(1)。
長岡が市になった日露戦後にかけての時期に、奈良・青森・福島など一七の市が誕生した。長岡は、一八九〇年代に入ると空前の石油ブームに沸いていた。一八九八年に北越鉄道が新潟市まで全線開通すると、長岡から直江津をへて東京へ、また新潟市へも簡単に行き来が出来るようになった。米穀取引所や、株・石油の二品取引所がつくられるなど、このころ目に見えて商工業や鉱業が伸張したことは確かである。その意味では、日清戦後からの企業勃興期に、地域の中心となる中小都市としての特徴を備えつつあった典型的な事例として位置づけることが出来よう。

古志郡は、中越の農業地帯にある。東南は丘陵地で、北西には信濃川が流れている。その流れが越後平野に押し広がっていく中心地が長岡の町である。このような天然の地理的条件があったからこそ城下町がつくられたのであるが、それはおのずと商業の集積地としての条件にかなうものであった。周辺の農村地帯と商業都市という典型的な組合せに石油業が加わることで、日清戦後になると企業勃興期に呼応したにぎわいを見せたのである。つまり古志郡は、農業・商業・鉱工業のそれぞれに主要産業があり、農村問題と都市問題の両方を抱え込んでいた。ということは、成立する資本制と地主制との矛盾の接点にあったといえる。それが長岡市成立の背景を考えるための第一の視点である。第二に、それにかかわって担い手の問題がある。市制施行への流れのなかで、それぞれがいかなる社会的立場に立って、何をしようとしたかを追うことが必要である。第三に、地域指導者はその指導性を確保するために住民の支持を得なければならないが、そのためには住民の具体的利益に沿って問題の解決を模索しなければならなかった。地域や個人の利害が複雑にからみあうなかで、対立する利害を議会等を通してどのように調整していったかを公空間をめぐるせめぎ合いの過程として跡づけよう。

第一節　古志郡会の成立

1　郡制の施行と古志郡会議員選挙

まず、長岡町を含む行政単位としての古志郡について考えよう。日清戦後の一八九八年一月、初めての古志郡会議員選挙がおこなわれた。この時、新潟県にも郡制が施行されたからである。郡制の施行によって、それまでの郡長による町村の指揮・監督の機能が変更された訳ではないが、郡会を置き、郡予算について審議することが出来るようになった。郡会の定員二六人のうち二〇人は、郡内の町村を組み合わせたそれぞれの組から一人ないし二人を町村会議員が選出した。その結果、判明しているだけで、進歩党が一〇人、自由党が二人、当選した。(2)古志郡選出の進歩党県会議員であった広井一は、宮地佐之助古志郡長から郡会議員の選出区域について相談され、自党に有利な組合せ案を示したところ、そのまま受け入れられたという。(3)区域割の不自然さは、この記述を裏付けている。残り六つの議席は、大地主議員と呼ばれる、地価一万円以上の土地所有者によって互選された。当時の古志郡の選挙権者は合計一八人であったから、その三分の一が郡会議員であった。(4)六人とも進歩党系であった。

成立した古志郡会議員には、大地主による互選議員を含め、地域の大中地主層が選出されたことに大きな特徴がある。もうひとつは、始めから政党間の対立が持ち込まれたことである。進歩党と自由党が対抗するなかで、進歩党が二六人中二一人当選し、郡会の圧倒的多数を占めることになった。

三月二七日に開かれた郡会で、議長代理者に岸宇吉、参事会員に野本松二郎・中村平作・近藤衛の三人が当選した。これに知事が任命した川上淳一郎と、宮地郡長を加えた五人が、郡参事会のメンバーであった。郡参事会は、郡会の委任を受けて工事を執行する議決権を持ち、郡長と共に町村の監督にあたることが出来るなど大きな権限があった。政府の意図は、参事会がそうであるように地域の有力者を行財政の決定に加えることで地域社会の安定をはかろうとするものであった。しかし郡長以外の四人の古志郡参事会員はいずれも多数派の進歩党員であり、進歩・自由両党の激しい対立のなかでは、名望家秩序の維持というより党派的利害が表面化せざるをえなかった。

2　非増租同盟会と県税削減運動

一八九八年四月一五日、進歩党系の地域組織として古志郡同志会が発足した。親睦と自治の精神を発揮することを目的に掲げた同会の運営は代議員が担った。その選出単位は郡会議員の選挙区に対応していた[5]。同会は、郡会の開設に呼応して組織されたのである。古志郡同志会は、郡を単位とする政党の独立組織であり、かつ事実上の支部組織としてつくられたので、郡会が一定の役割を果たしている間は、ずっと維持されることになった。

同志会がもっとも精力を注いだのは、地租増徴反対運動であった。町村会議員の選出基盤の中心は地主層であり、郡会議員、県会議員は彼らが選ぶことになっていた。何より幹部自身に、大中地主層が多かった。地租増徴は、みずからの利害に直接かかわる切実な問題であった。

国の主要な財源である地租を増徴しようとする政府と、民力休養のために軽減しようとする自由党や改進党などの民党が初期議会以来対立を繰り返していた。政府は日清戦後には対露戦に備えて大幅な軍備拡張政策をとったが、その財源確保に四苦八苦しなければならず、安定した財源を求めて一八九六年に営業税を地方税から国税に移管した。しかし商業会議所などから猛烈に反対され、税額を削減してしまう。代替措置として求められたのが地租の増徴であった。

第三次伊藤博文内閣は、一八九八年五月開会の議会に地租増徴案を提出した。進歩党中央は、強く反発した。同じ野党勢力になっていた自由党と提携し、六月に地租増徴案を否決してしまう。このとき古志郡の隣に位置する三島郡の有志者は、三輪潤太郎・波多野伝三郎両代議士に増徴反対の電報を送った。伊藤は衆議院を解散した。対抗する自由党と進歩党は合同して憲政党をつくるが、すぐに分裂してしまう。そこで自由派は憲政党新潟支部を、進歩派は憲政本党新潟支部を発足させた。

次の第二次山県内閣が提出した地租増徴案には、両党の新潟支部は共に反対した。地租が一律一・五％も上がるのに、新潟県など主として東北諸県には、他地方では導入されたそれと抱きあわせで地価を平均一二％下げる措置が適用されなかったためである。政府は、この案によって西南諸県の地主層を抱き込み増徴案を通そうとした。不利益を受ける新潟県などは、当然反対にまわらざるを得なかった。

一二月には新潟県非増租同盟会が発会した。発会式の席上地租増徴に賛成する代議士には辞職を勧告するとの決議がなされた。これは衆議院選挙への投票が地租問題への態度によって選択されることを意味した。発会式には三島郡から本間弥平治、古志郡から川上淳一郎・鈴木義延・大崎二六郎・西山作平・土田元郎・平野清逸が出席した。彼らは長岡に戻って郡下の重立有志者と会合し、中村平作を上京運動委員に推薦して反対運動に取り組むことを決定した。(6)

長岡上田町の願浄寺で非増租古志郡大会が開かれ、百余名が集まった。非増租同盟古志郡部がつくられることになり、幹事に広井一と土田元郎が指名された。だが地租増徴案は若干の修正をへて、憲政党の賛成で議会を通過してしまう。

一八九九年一月、坂の上町の小林羊平方で上京委員の報告会が開かれた。そのなかで三代議士が増租案に賛成したことが判明したので、彼らに辞職勧告することを決議した。(7) 三人とは斎藤和平太・丸山嵯峨一郎・大滝伝十郎で、いずれも山県内閣の与党である憲政党（自由派）の所属代議士であった。なお、もう一人の自由派で古志・三島郡選出代議士の高橋九郎は、党決定に反して増租案に賛成しなかった。減租問題は新潟県の地主全体の利害が絡んでいただけに、最初から超党派で取り組まれたのだが、採決の段階でさきの三代議士は党利を優先してしまう。そのことが、彼らが後に増租派と非難される理由となった。

四月二七日、土田元郎らは長盛座で減租期成政談大演説会を開き、同時に中越減租同盟会を発足させた。引き続き減租を追求することを宣言したこの会には約三千人が集まり、盛況であった。波多野伝三郎と一緒に登壇した子爵三浦梧楼は、地租軽減の急務と題して演説した。内容は不詳であるが、新潟市の行形亭での彼の演説によると、ヨーロッパを模倣した日本の軍備拡張方針が増租を必要としているのであるから、軍備を縮小すれば減租出来るという趣旨であった。(8) 初期議会以来の民党の民力休養論の立場に立ちつつ、急激な軍備拡大ではなく、減租による国の底力の強化が必要だと訴えたのである。一二月、同会は、地租軽減と兵役短縮の請願を貴衆両院に提出した。軍縮によって地租の増徴を防ぐという方針は、その後も同志会の堅持する路線となった。

次に、ほぼ同時期に展開された県税削減運動の推移を見よう。新潟県非増租同盟会が発足したと同じ一二月に、県税削減町村長会が開かれた。地租増徴は直接には土地所有者である地主の問題であったが、営業税の国税移管や大水害・虫害対策による県税の大幅な増加は、一般住民に直接かかわるものであった。憲政党側は増租問題における不利な立場を挽回するため、この課題に精力を注ぐことになった。二百余万円の巨額の県税負担に耐えられないとして、県制第八八条による処置を求めたのである。発起者である岩船郡村上町長が各町村長に提案した内容は、連年の水害と虫害、物価騰貴によって疲弊困憊した住民に過酷不当な県税を徴集することは到底耐えがたいので、是非削減して欲しい、もしやむを得ないなら七〇万円の県債を起こし一五〇万円を賦課することにしたらどうか、というものであった[9]。

この町村長会には、三島郡から宮本村長などが参加していたが、古志郡の参加者はいなかった。翌一二日、中通村に石坂・十日町・高島・山通・中貫・山谷沢・六日市の九か村の有志八〇余人が集まって、県税削減運動について相談した。主唱者の岸平吉と星野平一郎が出県委員に選ばれた。席上山通村の神保栄太郎・北村磯五郎と、岸平吉・川上栄太郎との間に激論があった末、県税によってまかなわれる費用のうち延期できるものは延期する提案を県当局に提出することになった。神保、北村は進歩党系であり、運動が自由党系の岸平吉、川上に主導されていることに反対し、この運動に加わらないことになった[10]。

県税削減の主張の方が、地租増徴反対より、一般住民の利害に直接かかわる問題であった。しかしそれが、党派対立の枠組みの中で提起される限り、住民全体の意志を代弁する運動へと組織化することがかえって困難になったのである。

3　郡会の機能と争点

郡会ができて二年後の一八九九年に郡制の改正があり、九月に郡会議員選挙が行われた。新しい区割りでは、山古志郷の二つの区以外はすべて組合せが変更された。長岡町は独立の二人区となった。選挙方法も、それまでの町村会議員と大地主による間接選挙から、直接国税三円以上の納付者による直接選挙に変わった。その結果、圧倒的に優勢だった進歩系の議席は減り、過半数を制することが出来なくなった。政争が激しかった西蒲原郡長から古志郡長になった阿部致が、山県内閣の与党である自由系に配慮したためであろう。

進歩派は、中立系の近藤久満治を郡参事会員にすることを条件に、議長に自派の中村平作を立てようとした。だが近藤は、自由系と組んで議長に当選した。副議長には、自由系の川上七平がなった。参事会員は、同じ中立の小坂松五郎のほか、自由系の若杉権一・酒井常助、進歩系の近藤新三郎であった。一転して自由系が優勢になった。(11)

しかしその優勢は長く続かなかった。一九〇一年の町村合併（古志郡内の五一町村を三一町村に統合）にともない、翌年一〇月に一二区、二五人の定員で執行された郡会議員選挙で、進歩系一五人、政友系九人、中立一人となり、再び進歩系が優勢となった。翌年一〇月の郡議選でも、進歩系一四人、政友系一一人と、進歩系が多数であった。なお栃尾郷以外は、もともと進歩系が優っていたから、この傾向は長岡市が成立して郡会の構成員ではなくなってからも変わらなかった。進歩系は、郡会の主導権を握ることで、郡下の政党対立のなかで常に優勢を維持できた。それは、いかにして可能になったのだろうか。

郡会発足当初は、長岡中学移転や郡立高等女学校の設置などに追われ、そのための郡費調達に努めなければならなかった。しかし人々がもっとも関心を強めていたのは、円滑に行き来できる道を開くことであった。道路は文明を導き、産業の発展をうながし、生活を豊かにすると感じられた。一八九八年に北越鉄道が開業し、住んでいる地域の開発への期待も高まっていた。

そこで、それまで国道や県道として認められていた路線以外で生活上必要な道路を、郡道として開くことが望まれた。県当局は、一九〇一年に郡費から里道に支出することを認めたので、古志郡内の開鑿計画が一気に立案されるに至った。一二月の臨時郡会に一九路線、延長三四里、総額二〇万円の郡道開鑿工事予算が計上された。

しかしこの予算額は余りに膨大であった。とくに種苧原《タネスハラ》線は六万九二一六円、川崎線は四万一八五九円であり、両線のみで全体の半分以上を占めていた。いずれにしてもこの案をそのまま実現する財政力はなかった[12]。

翌一九〇二年二月の郡会では、一三路線に改められた。一二月に実測の結果を得て工事費予算額八万五二〇〇円が計上された。種苧原線の一部が四郎丸と柿をつなぐ柿線に縮小され、予算も三〇〇八円になった。種苧原線に膨大な費用がかかるのは、柿から標高六五〇メートルの萱峠までジグザグの山道を開かなければならないからであった。その部分を計画からはずしてしまったのである。代わりに東山村、竹沢村、太田村を通って上組村の宮内停車場に出る二十村線の工事予算を倍増した[13]。

一九〇三年一二月の郡会では、道路開鑿問題をめぐって長岡町選出議員と開鑿推進派がまっ二つに割れた。郡会に先立ち、郡長は一三線の郡補助里道の開鑿案を郡参事会にはかった。参事会は、地元負担を四割から三割に軽減することで、この案を認めた。ところが郡会を開くと、山古志郷選出の進歩系郡会議員の中村武七ほか一一人は、一九〇四年度から向こう四か年間の継続事業で一七線、総額七万六四七一円の郡道開鑿案を議決するよう求めた。次年度に全額郡費支出で二十村線、西谷線、川崎線の麻生田付近まで延長するという三線を参事会案に追加するよう求めたからである。

政友系（旧自由系）の小林壽一郎らは、経済上の問題もあるので調査委員を選んで審査し、次回の郡会で取り上げることにしたらどうかと提案した。進歩系の二国万二郎・岸五郎・北村磯五郎らは、これに反対してあくまで通過をはかろうとしたため、大激論となり、時間切れ持ち越しとなった[14]。

かつて政党間の争点は、地租増徴か県税削減かであったが、今回は郡道開鑿の優先順位をめぐる地域間対立の様相を呈した。加えて農村対都市、河川派対道路派など、新たな対立も表面化することになる。

この間長岡町選出の郡会議員は、政派を問わず二国らの開鑿案に反対した。郡道の整備ばかりに多額の支出をして、町のことが置き去りになってしまうという強い危機感があったからである。安田長岡町長と長岡町会議員の山田熊平・金子徳十郎は、同月末県庁に田中書記官を訪ね、三線の追加に反対する旨を陳情した。書記官は、追加に反対すると述べたという(15)。

長岡町の進歩派の多くは、二国らの動きに反発を強め、この際古志・三島同志会を脱して、進歩派の独立団体を組織することにした。実は長岡町の人々は、前年来古志郡選出の三人の進歩派県議の行動に不満を積もらせていた。県議会では、大河津分水工事に多額の県費をそそぎ込むと道路や港湾など他の事業に着手できなくなると、反対派によって工事の中止が建議され、推進派と激しく対立していた。

一八九六年と九七年の大水害の記憶も生々しい長岡町の住民は、信濃川上流の改修工事と共に、下流に大河津分水を切り開いて、二度と町が水に浸からないようにして欲しいと願っていた。ところが古志郡選出の三県議が、そろって工事中止派に名を連ねたので、県会の過半数を中止派が占めることとなり、長岡町民の意志に反して決議が通ってしまった。そのため工事は延期されてしまう。進歩派三県議への不満がつのっていたその時に、今度は郡会で多額の道路費追加が提案されたので、激しい抵抗となったのである(16)。

この二つの問題は、長岡町の人々に何としても古志郡から脱する、つまり長岡に市制を施行しなければならないと決意させる大きな契機となった。

第二節　長岡市制の施行

1　長岡経済会と六か町村合併

長岡経済会は一九〇〇年五月七日に発足した。小川清次郎、小畔亀太郎、広井一の三人が呼びかけ人であった。小川清次郎は、大地主で西洋織物商の小川清松の息子で、当時刈羽石油株式会社の専務取締役であった。小畔亀太郎は、岸宇吉の懐刀的存在として、第一国立銀行から六十九銀行に戻ってきたばかりであった[17]。長岡銀行の広井一を含め、これら少壮の経済人は、長岡の経済を発展させようとする熱意を抱いていた。岸宇吉、星野伊三郎、渋谷善作、神保新造、渡辺藤吉、覚張治平、野本松二郎、山口政治、目黒十郎などが集まり、月一回例会を開いて商工業の問題を研究することになった。同会には、六十九銀行・長岡銀行・米穀取引所・石油会社の役員、町会議員、市中の重立などなどが参集した[18]。

長岡町では、石油業の勃興を背景として、これらの商工業者層が、独自の影響力を発揮できる団体を欲するようになっていた。一八九六年の国税営業税の新設など日清戦後の政府の増税政策が彼らに独立意識をいやおうなく沸き上がらせた。直接国税の納付者が増え、それだけ衆議院や県会・郡会の選挙権者が増加した。どのような代表を送るかが、より身近な問題となった。また、身銭を切るだけに、その行方に関心を深めざるをえなかった。石油鉱業税が徴集されることになったことも、石油業者の結集を促した。

経済会は、広く長岡の発展策を模索したが、そのなかでもとりわけ長岡の市制施行と長岡商業会議所の設立を中心課題とした。発会の一か月後に開かれた例会では、さっそく市制施行が議題となった。長岡両町・千手町・

草生津町・新町・王内村・四郎丸村・宮内村の八か町村（人口およそ三万人）を合併して長岡市をつくることについての得失が議論された。結局市制施行を検討するための調査委員を設けて調査し、改めて各町村に勧告することになった。四日後に開かれた調査委員の会合では、六か町村が合併したら市財政、とくに諸税賦課法がどうなるかについて、阿部郡長に他の市の例を調査するなどしてまとめてもらうよう依頼することになった。八月の例会で結果が報告され、それにもとづいて市制期成同盟会を組織することになった。同盟会には長岡経済会のほとんどの会員が加盟し、郡役所に専任の書記を置いて本格的な運動が始められた。[19]

しかし市制施行の運動は、順調には進まなかった。翌一九〇一年二月になると県当局は、財政力のある町村への改編を求めて大々的な町村合併の準備を始めた。その基準は戸数八〇〇戸、地価二〇万円以上におかれた。そこで阿部郡長は長岡両町、千手・草生津町、新町・王内村のそれぞれ三つに合併する案をつくった。それに対し広井一らは、この際六か町村合併で進むべきだと進言し、郡長もそれに同意するに至る。県案は六か町村案としてまとめられた。

長岡経済会は三月、知事宛に六か町村合併が市制施行の前提になるとして、もろ手を挙げて賛成するとの建議を提出した。だが千手町など四か町村は、合併に反対の意志を示した。七月に土田伝八郎千手町長が知事に出した決議文では、各町の経済力に差があるので合併後に町財政が膨張して各戸の負担が増加してしまうことが懸念されていた。[20]そこで阿部郡長は調停案を示した。合併後もそれまでの町村の財政規模に応じて課税率を定める、議員は不公平にならないように各町村に配当する、などである。四か町村はこれを受け入れたので、一一月一日に六か町村が合併して新しい長岡町が誕生した。六か町村合併の推進力は、明らかに旧長岡町を中心とする商工業者層であった。

2 町税賦課率問題の紛糾

ところが六か町村合併後の一九〇二年六月に開かれた町議会で、町税について合併時に旧町村と郡長が交した約束が実現されないことが明らかになった。それまでの町費三万円前後を合併後も維持することになっていたのだが、一万円の増額に変更された。また戸数割の賦課にあたって、市街の中心部と周辺を一切区別せず、一律坪数の多少によって算定することになった。旧長岡町をのぞく住民の間からこの賦課算定について異議が出され、各町内で委員を選んで交渉することになった。町会議員への辞職勧告や町の分離運動を進めるべきだとの意見も出たが、とりあえず町税賦課法を再議して変更するよう求める請願書を町会に出した。しかし請願書は却下されてしまう。

七月中旬に各町ごとの集会で対応策が検討された。この際伍長は全員辞職し、反対町民がこぞって町税を滞納するという方針が決められた。[21] 伍長というのは長岡独特の町内組織の代表者であるが、当時町当局と町民をつなぐ公的な役職であった。伍長が辞職するという方針がとられたことは、それが町内ぐるみの運動であったことを意味した。反対運動は、町内全体の意志を示すかたちで進められた。一般住民はそれを正当なものと認めていたことになる。七月二一日には、町北部の東神田、長町、稽古町、蔵王の反対町民が栄涼寺で、南部の千手町と草生津町民が千手観音堂に集まり、規約をつくって町税賦課率の再議を求める団体を発足させた。翌二二日、南北を連合した同盟会が発足した。のちに長岡町政刷新期成会と呼ばれるようになる組織である。

八月に入るや、町役場から県税戸数割の第一期徴税令書が各伍長に配られた。伍長は、役場と町内の住民をつなぐ行政の中間管理者の役割も担っていた。反対派の伍長は、配られた令書を一括して役場に返し、同時に辞職を申し出た。不納運動のため、六百余円の滞納が出たという。[22] 期成会の会員は、一一月には一七〇〇人以上になった。

新潟新聞によると、狼狽した町役場は、辞表を出した伍長や反対派の代表を八月六日に集め、今年は議決通りにするが、来年は協議して徴集方法を改めると提案したという。[23] この時の召集者は阿部郡長であった。合併時の約束の当事者であった阿部郡長は、事態の推移を憂慮し、自ら調停に乗り出したのである。阿部はさらに、安田町長に対し、反対運動者の主張も一理あるので、来年度に賦課法を改正するよう伝えた。

町会議員協議会で町長からその経緯を聞いた議員の多くは、改正するかどうかを決めるのは町議会であるとして郡長の行為を強く批判した。翌九日、議員総代として山田熊平と近藤九満治が郡長を詰問した。また町議会は岸宇吉・長部松三郎・神保新造・樋口勘四郎・近藤九満治・金子徳十郎・山田熊平・大川直の八人の質問委員を選び、郡長に質問書を提出した。[24] そのうち長部・神保は改進系、金子・山田・大川は政友系であり、この問題の処理について政党間の対立がなかったことがわかる。

反対派住民は、郡長の調停を受け入れない町議会の態度に憤慨し、九月二一日夜に、渡里町鉱業会館で町税賦課修正を求める集会を開いた。二百人近くが参集し、町政の刷新と町財政の緊縮が決議された。助役の数は新潟市が一人なのに長岡町では三人いる。これを減らすなどすれば、八千円の役場費を三千円位に出来るだろうといった町税負担軽減論が人々に支持された。このとき選ばれた運動委員は、青山一蔵・楠鉄治・広瀬吉弥・安藤鐇・五十嵐正納ほか二五人であった。

町長と町議会は、それらの動きに全面対決した。安田町長と岸宇吉ら八人の町議は、九月二六日に柏田知事を訪問し、郡長が町政に干渉したことは不当であると訴えた。県は田中書記官を派遣して実地調査をすることにした。郡長攻撃の火の手は、新潟新聞や東北日報からも放たれた。九月以降両紙は、問題が紛糾したのは、阿部郡長の下にいる郡書記が長岡町長の交代をねらって画策したためであるとのキャンペーンを張った。また期成会の中心人物は政友会系の人々で、自派の勢力を拡張するために運動を利用していると批判した。そのどちらも問題紛糾の一側面であった。しかしそれだけでは、こんなに多くの町民を巻き込んだ反対運動にはならなかっただろう。問題はやはり、旧長岡町が主導した性急な合併と不平等な戸数割賦課のしくみとにあった。旧長岡町には、比較的財力のある商工業者層が住んでいたので、他の五か町村民は、合併すると従属的な立場に陥ってしまうのではないかと危惧した。等級選挙による町会議員選挙で、担税能力の高い旧長岡町から多くの人が当選し、懸念が現実になった。その町議会を舞台に起こったのが、町税賦課率問題であった。町政運営をめぐって、有産者層と、それ以外の人々との利害の対立がこのような形をとって表面化したともいえる。この対立をいかに調整して行くかが、町政指導者の課題となった。

その後町政刷新期成会と町会議員が話し合い、次年度から町税賦課率に等級をつけることで妥協したという。結果からみると、郡長が当初から示していた調整案でおさまったのであるから、町議会側の敗北ともいえる。目的を達した町政刷新期成会の一部は、さらに役場機関の改造のほか、衛生事業、教育などにも問題があったらその都度取り上げて運動すると意気込んだ。

3　市制施行運動

旧長岡町、とくに商工業者層が先導して六か町村合併が実現したものの、町税賦課問題の紛糾にみられるように、引き続き彼らがヘゲモニーを握ったままで長岡町としてのまとまりをつくりだしていくためには、一般町民の具体的利害にかかわる問題を解決することが不可欠となった。そのためのいくつかの処方せんが示された。

第一は、市内の下水を処理するために下水溝をつくる計画である。町議会で山田熊平ら五人の委員が調査した結果、上組村の上下条にある福島江から水を取り、市内を三流に分けて水道のようなものを流し、下水をそこに放流するという計画がつくられた。総工費七万一七〇〇余円であった。[25]

第二は、公共施設の整備である。その中心は学校整備であった。それ以外に長岡公会堂の設立計画が一二月に浮上した。たまたま長岡高等女学校の講堂の新築と女子師範学校の講堂改築が必要になったので、これに中学校を加えて三校合同の大講堂とし、さらに一般にも開放する官民共同の公会堂をつくる計画であった。[26]

第三は、町の発展を導く事業である。一九〇四年一月には、県庁を長岡に移転するための期成同盟会を組織する計画がつくられた。頸城三郡・魚沼三郡・刈羽・三島・南蒲原の各郡に有志者を勧誘することになった。四月、煙草業者がつどい、町会議員と共に官煙製造所を長岡に設置するための運動の進め方を協議した。[27]

逆に新潟地方裁判所の長岡支部廃止の情報が伝わるや、一九〇五年一月に存続期成同盟会をつくって反対運動に入った。鉱業会議所内に事務所が設けられ、長岡町議会・長岡経済会・鉱業会などでそれぞれ存続請願書を出すことになった。[28]

一九〇五年の水害に際しては、治水委員会が実地調査をするなど対策を練った。[29] 一〇月には、神田安善寺裏に水門を建設するための調査に入った。一二月には、商工談話会で長岡に師団を設置するための相談があり、町会や商業会議所から請願書を出してもらうよう働きかけることになった。[30] これら諸々の処方せんは、町政指導者が、住民の利害に直接かかわる問題の解決能力があることを示すために不可欠のものであった。

その間商工業者たちは、長岡経済会を中心に商業会議所の設立を先行させつつ、市制施行に向けて奔走した。すでに一九〇一年三月、長岡経済会は六か町村を一区域とした商業会議所をつくる相談のため何度も会合した。

議員を四〇人とし、長岡本町に会議所を置くことを決めた。しかし設置の請願に千手町が加わらないことになり、四月には五か町村で申請することに修正された。六か町村合併論への反発があったからであろう。

一転して合併の妥協がなるや、直ちに市制施行の話合いがもたれた。九月二五日の旧長岡町議会閉会後、星野信五郎が呼びかけて市制問題を相談し、六か町村の合併が合意したので、それを町とするのでなく直ちに市にしてしまうための運動を始めようと決めた。他の五か町村への交渉委員として、野本松二郎・金子徳十郎・覚張治平・佐藤新二・星野伊三郎が選ばれた。その結果五か町村側からも委員を選出し、合議することになった(31)。

しかし六か町村合併により町をつくるという県の既定方針が変わらないまま、一一月に新長岡町が発足した。そこで岸宇吉らは、半年後の一九〇二年五月の町会で市制施行を建議する緊急動議を提出した。町会はそれを満場一致で可決した。調査委員は野本松二郎・岸宇吉・神保新造・金子徳十郎・長部松三郎の五人であった。しかし徴税問題の紛糾のため一時棚あげとなり、一一月ころから着手された。そこでは市制を施行するとかえって町民の負担額は減少すると見込まれた。

一方一二月に入って、提出されていた商業会議所の設立申請が却下されることがわかり、岸宇吉・渋谷善作が請願書をとりさげて次の機会を待つことになった。翌一九〇三年三月の長岡経済会総会では、設置を再申請することが決議され、新たに施行される商業会議所条例に合わせて施行日の七月一日に提出する準備に入った。七月の長岡経済会の会合で、商業会議所発起の認可申請書の草案を可決し、農商務大臣に提出することになった。このとき長岡町で営業税一〇円以上を納めるものは三〇七人、鉱業税を納めるもの三人、一〇万円以上の資本をもつ会社は一〇数社であった。曲折をへて、一九〇四年五月、長岡商業会議所の設置が農商務大臣から認められた。さっそく定款などを整備し、九月に認可申請書を提出し、翌一九〇五年三月にやっと正式の認可を得ることが出来た。

残るは市制の施行であった。さきに見たように、古志郡では都市部と農村部の利害対立が、政党対立を越えて深刻化していた。その矛盾を断ち切る決め手が、市制の施行であると見られた。町税賦課率をめぐる郡長との対立も、市制を早く施行して郡長の指導監督を受けなくて済むようになりたいという望みを強めた。町長らが柏田知事に面会した際、知事はみだりに市制を許可する状況にないこと、願書が提出されたら十分調査すると答えたという。(32)

そこで一九〇五年三月の町議会は、市制調査委員による調査が終わったので、同月中に申請の手続きをすることを決めた。すでに人口・経済力とも市としての十分な条件を備えており、商業会議所もつくられていたので、申請はすんなり内務省に受理された。一九〇六年四月一日、長岡市が成立した。

第三節　都市問題の噴出

1　貧困問題の表面化

その間、長岡の住民は、何をなりわいにして、どんな風に暮らしていったのだろうか。生活問題に直面した中小都市の住民は様々の矛盾に立ち向かい、自己を主張し始めたのである。その具体相を、たどることにしよう。

日清戦後の長岡の町では、石油業の勃興によって新しい就業の機会が生まれ、日増しに人口が増えていた。長岡の六か町村（長岡町・長岡本町・千手町・草生津町・新町・王内村）の人口は、一八九一年末には二万六一九四人であったが、九年後の一九〇〇年には二万九九六一人と、一四・四％増加した。王内村の増加は五割を越えており、長岡本町と千手町が続いていた[33]。東神田町や中島町に、人々は新たに住みついた。

一八九〇年の米価高騰の時は、不況で貧民層の現金収入の道が断たれ、飢餓状況にある人々の救済策が実施された。新町で騒動が起こりかけたのは、米価が下がり始めた七月に入ってからである。新町の貧民は、あちこちで集会を持った。一九日に新町の各所に、米価を六銭五厘まで下げなければ、米商の家をはじめ町内を焼き払う、とのはり札がはられた。ただその原因は、売れなくなった外国米を日本米に混ぜて売っているとのうわさによるものであり、食べる米がないということではなかった[34]。だが周辺農村では、その秋、とばくと密売淫と窃盗が流行し、一〇月には多くの女子が三々五々列をつくって信州や上州、北海道へと出稼ぎに旅立っていった。都市部に貧困層が増え、農村部でも飢餓状況が生まれていた。

石油業の勃興は、多くの住民に新たな生業を与えた。石油工夫をはじめ製油工・石油運送人、それに船楫業、食品・小間物販売店などに新たな就業機会が生まれ、比較的安定した都市生活を営める人々が増えていった。人口は、徐々に増加した。

そんな時起こったのが、一八九六年から九八年にかけての大災害であった。多くの水田や畑が水に浸かり、村々は大凶作にみまわれた。雑穀がにわかに売れはじめたので、穀商は一驚して続々新たな注文を発した。旧米と新米の端境期である一八九八年の九月以降、米価が暴騰した。長岡米穀取引所では、九月二八日に定期取引米の値段が一二円三六銭まで上がったので、いったん売買を中止した。一〇月一一日には、一二月に出回る新米についての売買を始めたが、たちまち一三円四八銭に上がり、また当分休業することになった。長岡の正米は、同月末には一五円六、七〇銭まで暴騰した。一升の最上白米の値段は、一八銭五厘であった[35]。高米価は全国的であったとはいえ、長岡のそれは実は大阪に比べても二円以上、新潟市より三〇銭以上高かった。買占めなどの投機的な動きによる人為的な高値が、翌一八九八年に入っても続いた。

長岡の住民は不満を強めた。日々何通も貧民惣代等の名で暴騰を押さえることを求める願書が送られた[36]。知事は不穏な状況に対処するため、三月二一日古志郡長に対して、米穀取引所役員に説諭し、取引の模様を報告するよう電報で伝えた。その効果か、米価は次第に下がりはじめた。五月になると外国米の入荷が次第に増えたこともあって、内国米は一〇円にまで下がった。

越えて一九〇三年二月には、長岡細民惣代の名で、嘆願書が長岡警察署に提出された。米価の騰貴は岸宇吉らが鈴木常作・川上佐太郎両仲買店を通して買い煽らせたためであり、細民の難渋はひと方ならないので、取引所の取引を中止し、彼らに相当の制裁を加えるべきであると訴えた。長岡署が取引所の理事を呼び、注意を喚起することになったという。

そんな社会の変化に応ずるかのように、日露戦争が始まると、長岡でも社会主義の学習会が定期的に開かれるようになった。一九〇四年九月、玉蔵院町の玉蔵院で社会主義を論ずる茶話会が開かれた。小林すみれの報告によると、この会には新聞記者・活版工・鉄道会社員・鍛冶工・材木屋など三〇余人が集まったという[37]。会はやがて、北越同志会と名付けられた。発起人は長岡の小林すみれ・武藤野喚、曽根の小野塚狐・内藤正一、世話役は渡里町光徳寺の武藤芳蛾であった[38]。毎月第三土曜日の午後七時から、光徳寺内の武藤方を会場として開かれた。堺利彦や荒畑寒村らが発刊した「平民新聞」の流れを組む「直言」は、引き続き社会主義の立場から非戦論を主張していたが、武藤らはそれに共鳴し、長岡で社会主義の学習会を開いたのである。小林によると、長岡では最初、社会主義は一向に注意を引かなかったが、近頃研究するものが多数になった、警察の注意はやかましいけれど、学術ということで演説を聞くので手を出せないようだと伝えている[39]。

一九〇七年七月二一日、越後で初めての片山潜の演説会が長岡神田一の町の安善寺で開かれた。演説会を計画したのは、「社会主義研究有志」で、北越同志会の会員であったようだ。片山自身は「越後長岡遊説」という記事の中で、越佐新報の小林重五郎、東北日報の永田直次郎、北越新報の川上かつらなどが発起人であったと記している。[40]安善寺には七百人が集まった。席上小林重五郎は、自分が社会主義者になった理由を述べた。片山は、長岡の印象として、市会も商業会議所も宝田石油の支配下にあって、同市の自治政は腐敗し、善良な市民は秘かに憤慨していると記した。夏目漱石が坂牧善辰長岡中学校長を素材にした小説『野分』を発表し、石油業者の金権ぶりにふれたのは、この年の一月であった。[41]

片山はまた、長岡の最大の問題が油毒問題であり、油毒のため稲に大きな被害が出て、地元の小地主や小作人がとても苦しんでいるとも述べている。彼は長岡で、自由競争の惨状にふれ、社会主義の夢を語った。貧困問題を解決できるのは社会主義だとする片山の議論に、北越同志会のメンバーは共鳴した。

2　諸階層の動向

ところで当時の長岡にはどんな職業の人々が、どれくらい住んでいたのであろうか。一九〇五年頃の長岡町の職業構成を見ると、全職業従事者一万六九七五人のうち、商業従事者が七四七三人と一番多い。人口構成から見ても、長岡が商都であったことは確かである。次いで多いのが力役《りょくえき》で六一四七人である。文字どおり自分の力を使って働いて賃金を得る人々である。これには丁持《ちょうもち》と呼ばれる荷物運び、石油業に関連する労働者、織物業や鉄工業で働く工員など雑多な職種が含まれていた。この二つの職業で、全体の八割を占める。残りの二割の中で多い順に工業の八三一人、農業の七六三人、銀行諸会社の七〇二人、船楫業三二八人と続いた。[42]

同年の商業会議所の石油業に関する調査では、直接石油に関連する仕事として製油・木工などの労働者九七五人、石油小売業四〇〇人、船楫業者二四〇人、給料生活者一四七人などがあがっている。石油関連の仕事としては、人夫だけで一八〇〇人にのぼり、長岡の重要部分を占めていたことがわかる。[43]

なお先の調査には、珍しいことに男女別の人数が記されている。全体の男女比は、七対三であるが、商業と力役では六対七、三対三とわずかながら女性の比率が高い。農業では四対六と、むしろ女性の方が多かった。市街地なので、男性は別の職業につき、女性が農業の主たる担い手になっていたようである。それにしても五一一人の女性が、勤労によって現金を得ていたことは注目される。一八八四年三月の新聞記事に、神田町の女性が賭博に興じており、「既に婦女子社会に伝染」していたとある。賭博ができるほど自由になる現金を持っていたということである。[44]働いて現金を得ることが多かったのであろう。さきの片山潜の長岡遊説記でも、女性が力仕事をしているのを見て驚いたことが記されている。長岡の女性は、家事と共に、家計の担い手としても、家を支えていた。

長岡の住民のうちの多くを占める労働者のなかには、この頃賃上げを求めて立ちあがる人々もいた。一九〇二年五月、宝田石油比礼出張所では職工一七人によってストライキが起こされた。他の部門の職工は昇給したのに、鉄工部は一人も昇給しなかったことに不満を持って全員辞職を申し出た。一二か月後に経営者側が何とかするという条件で折り合い、辞職を撤回した。[45]

小作農民も油毒による公害の補償を求めて立った。一八九八年一〇月一三日に開かれた長岡製油家組合会の臨時会では、草生津町小作人から出された損害請求について討議している。油毒事件にかかわる小作人の請求に対し、委員を出して交渉し、円滑に取り計らうことになった。[46]

商工業者もまた、減税などを求めて運動に取り組み始めた。政府の売薬税率増加の意向が伝わった一八九八年一〇月、真澄亭で売薬業者による反対の集会が持たれ、寺町の西福寺で長岡売薬同業組合が発足した。(47) 一九〇一年二月には、長岡の菓子業者が集まって、砂糖課税問題を討議した。砂糖はすでに一割弱値上がりしているので、菓子の料金を一割値上げすることに一致した。(48) 同じ頃長岡石油鉱業組合は、鉱業条例改正法案中の試掘地課税への反対運動委員として、野本松二郎と三島徳蔵を選んだ。中蒲原郡の組合などと共同し、法案が議会で審議される時に上京し、反対運動をすることになった。(49) 煙草の官業化に反対する同盟会には、三島郡関原村の高木太一郎が加わっていた。一九〇三年一一月、反対のため上京する高木の見送りと示威運動に、関原村の煙草業者・煙草刻職工など百数十人が参集した。(50)

一八九七年の前後、長岡では都市雑業層としての貧民が増加する一方で、労働者・商工業従事者・小作農民が自己主張を始めた。石油業者・商工業者・地主も増税反対などを求めて参集し、自分達の意見を反映させるべく運動を開始した。

3　悪税廃止運動

そのうち、経済力からみても、組織力からみても、この時期もっとも行動力があったのは長岡市制施行の推進力となった商工業者層であった。長岡経済会の会員は、日清戦後の三国干渉に激怒し、対外硬の立場に立って、長岡勤倹会を発足させた。一九〇四年二月の日露戦争の勃発は、彼らのナショナリズムを激しくかき立てずにはおかなかったが、しかし最も関心が高かったのは租税の増徴であった。

日露戦争にともなう非常特別税は、商工業者の経済活動や生活をゆさぶるほど重くのしかかった。彼らは生活防衛のために、反対に立ち上がらざるを得なくなる。まず導入された石油消費税は一石一円二〇銭であり、新潟県下の負担額は三七万八千円にのぼった。

翌一九〇五年一月に非常特別税法が改正され、新たに織物消費税、通行税などが盛り込まれた。当時長岡の織物業者の団体は正式に認可を受けた組織ではなかったが、単独で協議会を開いて反対運動を始めた。一月中に古志郡機業家組合と織物販売組合がつくられ、正式の認可を受けた。問題は織物税の賦課額の決め方であった。長岡税務署は販売業者については彼らの意向に沿って当業者の案分比例により課税することとした。(51) 組合の結成によって、自主的に個々の課税割合を決める権利を得たのである。組合は前年度の営業高をもとに算定することにしたが、例えば太刀川啓次郎が勤務する若月呉服店では、不景気なので前年度の九割で申告したのに対し、彼の実家はそのまま申告したので千円の増額が認定され割損になるという不公平も生まれた。(52)

他方機業家から卸売りされるときに一割の織物税が徴集されることになったが、長岡の機業家はそれを消費税ではなく機業税であると反発した。代表者の土田元郎は同法の改正を求めるしかないと、中央政府に訴えるための県下機業家大会を企画した。(53) 同年七月、織物税の課税が約二割も引き上げられた。長岡双子織業者は、慣習として帳簿をつけていないので、このままでは違反者が続出して双子織が衰退してしまうと請願した。

織物消費税は非常特別税法のひとつであったから、戦後一年で廃止されるはずであった。ところが日露戦費は膨大な外債に頼っていたから、戦後その元利払いなどに追われ、また軍備拡張費の手当などもあって、政府は一九〇六年三月に廃止期限をとり払い、そのままずっと課税することにした。織物業者は反発した。一月の長岡織物組合の評議員会では、長岡で県下織物業者大会を開いたり、貴衆両院に織物税廃止を請願するなどの戦術が練られた。(54) なお土田元郎・小倉庄平らは一九〇九年にも織物税廃止期成同盟会新潟支部の中心になって活動した。

長岡の織物税廃止運動は、しぶとく続けられることになる。

第一次西園寺内閣は、一九〇八年一月二一日、酒造税・砂糖消費税を増税し、石油消費税を新たに加える法案を議会に提出した。長岡商業会議所の態度は、当初から絶対反対であった。二一日に開かれた全国商業会議所連合会には渡辺藤吉会頭・山口議員・頼書記長が出席し、増税反対の意志を示した。臨時総会を開き、政府の増税・新税に反対する決議を満場一致で可決した。二月には商業会議所に二百人が集まって、増税に反対する長岡実業家大会を開いた。渡辺藤吉長岡商業会議所会頭は、次のように主張した[55]。増税の理由は、実は陸海軍費の膨張にある。適正な陸海軍の拡張は必要だが、それだけが膨張すれば商業の発展が阻害されてしまう。政府が軍備の拡張のみに汲々としているから、他国は日本が侵略的政策を持っているのではないかと疑う。軍事費を削減すれば増税しなくて済む、と。渡辺は、今回の増税問題が政府の軍拡政策と一体のものであることを強調することによって、一般の人々を巻き込んで反対運動を進めようとした。

悪税反対運動が大正デモクラシーの最初の鐘を鳴らしたことは、松尾尊兊によって明らかにされている。長岡商業会議所も、その旗手となることで商工業者層を中心とする市民の支持を得た[56]。しかし悪税といっても、石油業者のそれは石油消費税であり、他の商工業者には織物消費税であったり営業税であった。商工業者の間でさえ、利害の対立があった。

零細商工業者・商店員・労働者などは、より日常的な生活費や環境に目を向けざるを得なかった。彼らも、みずからの政治的代弁者や、よりどころとなる社会勢力を求めて模索し続ける。

おわりに

仮装して練り歩く仁和賀《にわか》に参加することで鬱屈した不満を発散させていた日清戦争が終わった頃、長岡に住む多くの人々は、社会や経済、とりわけ公共のことについてそれほど関心を持っていた訳ではない。しかしその後一〇年位の間に、人々は驚くほど発言し、様々の社会組織をつくり、多彩な行動をとるようになった。六か町村が合併し、やがて長岡市が成立した背景には、そんな、人々の思いが交錯していた。

その過程で、長岡には都市特有の諸問題が噴出していた。地主中心の古志郡会は、農村部の住民への指導権を求めて、郡道開鑿に踏み込んでいった。それは逆に、町の人々との利害対立を表面化させた。町の商工業者層は、古志郡から脱し、自治権を強めて市としての発展策を模索したいと考えた。都市づくりと商工業の発展が、一体のものと認識されたからである。彼らは、商業会議所を設立し、市制施行へと突っ走った。しかし商工業者層も、多様な階層からなる一般住民に対して指導力を保つために、また自分たちのためにも、治水や上下水道、公害規制など、都市としての公共の基盤を整備しなければならなくなる。都市の住民生活を向上させるという課題を公空間のなかに共有せざるを得なかったのである。

地主層が古志郡同志会に結集して一大増租反対運動を展開したように、商工業者層も織物消費税や石油税などの撤廃を求めて、組織的な運動を繰り返した。増税が戦争と軍備拡張のための費用を調達するためになされた限り、軍拡をやめるべきだとする考えも保持された。それは明らかに、日清・日露戦争に際して彼らを突き動かした対外硬的な国家意識と矛盾していた。

就業の機会が増えたことで、長岡の市街地には雑多な職業の人々が住むようになっていた。彼らは、合併後の町税賦課率が不当であると声をあげた。労働者や農民、新聞記者・弁護士などの新中間層、零細な商工業者が、社会主義の学習会、賃上げのストライキ、公害補償などに取り組んだ。やがて彼らは、新たな公空間を求める第三の社会勢力として市政や政党の活動に直接・間接にかかわることになる。

注

（1）小野塚喜平次「長岡市街何ゾ統一セザル」（『長岡郷友会雑誌』第二号、一八九三年一月。拙編『長岡市史双書　近代長岡の雑誌』五三－五六頁に所収）。
（2）「新潟新聞」（以下「新」と省略）。一八九七年一月二八日付によると、進歩党一二人、自由党四人だったという。
（3）箕輪義門編『広井一伝』（北越新報社、一九四〇年）一六六頁。
（4）「新」一八九七年二月六日付。「新潟県多額納税者及大地主　明治三十一年九月調」とノ九二、九三。なお新潟県下における郡制の施行については、『新潟県史　通史編七』（一九八八年）一五一頁以下を参照。
（5）『山古志村史』（一九八一年）三九七－三九八頁を参照。
（6）「東北日報」（以下「東」と省略）一八九八年一二月一三、一六、二一日付。
（7）「東」一八九八年一月一七日付。
（8）「東」一八九八年四月三〇日付。なお三浦梧楼『観樹将軍回顧録』（一九二五年刊。一九八八年、中公文庫として復刻）に、北陸遊説の記述がある。
（9）「東」一八九八年一二月一三日付。
（10）「東」一八九八年一二月一五、一七日付。
（11）「東」一八九九年一〇月二五日付。
（12）「新」一九〇一年一二月一九日付。

(13)「東」一九〇二年一二月四日付。
(14)「東」一九〇二年一二月一八日付。「古志郡道路関係一覧図　明治三十七年一月調製」(村松町、金子家所蔵)
(15)「新」一九〇二年九月二七、三〇日付。
(16)「東」一九〇二年一二月五日付。
(17)北越新報社編『奮闘の長岡』(一九一四年刊。新潟日報事業社より、一九八四年に復刊。)三七九、四九三頁を参照。
(18)「新」一九〇〇年五月五日、六月一三日付。なお当時の商工業者層の構成や、株式投資の状況については、拙稿「近代長岡の担い手たちの自画像」(前掲『近代長岡の雑誌』所収)を参照のこと。
(19)「新」一九〇〇年八月一二日付。
(20)『新潟県市町村合併誌』上巻(新潟県、一九六八年)七九二頁。
(21)「新」一九〇三年六月二八日付。
(22)「東」一九〇三年八月一二日付。
(23)「新」一九〇三年八月八日付。
(24)「新」一九〇三年九月一三日付。
(25)「新」一九〇四年八月二四日付。
(26)「新」一九〇四年一二月二一日付。
(27)「新」一九〇四年四月九日付。
(28)「新」一九〇五年一月三〇日付。
(29)「新」一九〇五年八月二四日付。
(30)「新」一九〇五年一二月二一日付。
(31)「新」一九〇二年九月二八日付。なお以後の商業会議所設立への動きについては、小林壽一編『長岡市経済沿革史』(一九四四年)、『長岡産業経済発達史』(一九八三年)など参照。
(32)「新」一九〇二年九月二七、三〇日付。
(33)前掲『近代長岡の雑誌』五五頁。前掲『新潟県市町村合併誌』六一九頁。

(34)「新」一八九〇年七月二四日付。
(35)「新」一八九七年一〇月二七日付。
(36)「新」一八九八年三月二三日付。
(37)「越後長岡より」(「週刊平民新聞」一九〇四年九月二五日付)。
(38)「越後同志大会（長岡）」(「直言」一九〇五年四月一六日付)。
(39)「越後より」(「光」一九〇五年一二月二〇日付)。
(40) 片山潜「越後長岡遊説」(「社会新聞」一九〇七年七月二八日付)。
(41) 拙稿「反町栄一と近代の長岡」(『長岡市史双書　反町栄一日記』所収) を参照のこと。
(42)「市制施行ニ付稟請」(長岡市役所『長岡市行政関係資料』第一集、所収)。
(43)「越佐新聞」一九〇六年一月一一日付 (『長岡市史　資料編4』六六七頁に所収)。
(44)「新」一八八四年七月四日付。
(45)「新」一九〇二年五月三一日付。
(46)「東」一八九八年一〇月一五日付。
(47)「新」一八九八年一〇月一五日付。
(48)「東」一九〇一年二月二二日付。
(49)「東」一九〇一年二月二〇日付。
(50)「東」一九〇三年一一月一五日付。
(51)「長岡日報」一九〇五年一月二五日付。
(52) 太刀川啓次郎「年替録　第二号」(堀田啓介家所蔵)
(53)「新」一九〇五年三月三日付。
(54)「長岡日報」一九〇六年一月二八日付。日露戦後の非講和運動と今泉鐸次郎の「東北評論」を拠点とした活動については、拙稿「日露戦後の環日本海論」(『環日本海地域比較史研究』第三号、一九九四年) を参照のこと。
(55)「北越新報」一九〇八年二月四、五日付。

（56）　松尾尊兊『大正デモクラシー』（岩波書店、一九七四年）。全国にわたる営業税反対運動の動向については、江口圭一『都市小ブルジョア運動史の研究』（未来社、一九七六年）参照。

第四章　都市公営事業論から生活自治論へ

はじめに

片山潜が長岡市を訪れたのは一九〇七年のことであった。そのころ彼は東京市の電車市有論の論陣を張っていた。都市公営事業論のオピニオンリーダーとして活動していたのである。本章ではまず彼らの都市公営事業論をとりあげ、その先駆性と限界について検討する。共同体的秩序の裏付けのない都市では異質の利害が直接ぶつかり合うので、その調整のための公空間が常に意識された。東京市が道路敷設への傾斜財政投資を見直し、生活関連の上下水道敷設重視政策に転換したのも、コレラの蔓延に苦しむ住民を放置できなかったからである。公共性の高い交通や電気・水道など社会の基盤となる施設を私企業が経営することをめぐって多くの議論が飛び交うなかで、片山潜や安部磯雄は都市公営事業論を展開した。そこでまず彼らの公営事業論の内容を吟味しよう。

しかし鉄道がそうであった様に、電車などの公営事業も地域社会にとって必ずしもバラ色ではないことが明らかとなる。ちょうどその時に弁護士布施辰治が登場した。布施は法廷での弁護という実務活動を背景に、なにより地域住民の生活を維持するための方策を模索した。人々にとって幸福な状態はどのようにしてもたらされるかを追求した。このような生活を発想の原点とする布施の議論を生活自治論と位置づけつつ検討する。

第一節　都市公営事業論

1　片山潜の公営事業論

片山潜は、一八九五年六月に「欧米の都市問題」と題する卒業論文を提出して、エール大学神学部を卒業した。日本への帰国は翌一八九六年一月である。

その年一一月に博文館から『鉄道新論』を刊行している。欧米での長期間にわたる研鑽の成果を発表するにあたり、まず交通問題を取り上げた。鉄道事業は欧米の産業中最大のもので、社会に与える影響も大きいからである。鉄道熱が高まっている日本において、欧米と対比しつつ事業の適性の当否を論ずる必要があると考えた。その論点は、事業内容・運賃・従業者の賃金など全般にわたる。欧米の鉄道の例を紹介して、日本での事業計画の方向性を示唆することにつとめている(1)。

ここで注目される点の第一は、一八九二年施行の鉄道敷設法によって計画されている予定線の敷設に際して、地域格差是正に配慮すべきことを主張していることである。そのまま放っておくと敷設の優先順位は都市に集中してしまうので、地方の産業を保護するために適宜の保障を設けるべきだと提言する。鉄道敷設の影響によって、地方産業が壊滅的打撃を受けることがあり、また旧来の地方都市がさびれてしまう恐れがある。また敷設にあたって「都邑の形勝地位を保存」すべきだとする。かつて東海道線を敷設したときに、地方の「細民」が不平を唱えたのは、これらの点を配慮しなかったからである。鋭意これらの意見に応えることが鉄道敷設関係者の社会的責任であると論じた(2)。

第二は、自治体の公営事業論の主張である。同書には付録として「都市内の交通機関」が加えられ、交通機関から見た都市のあり方を検討している。内務省が東京市の電気鉄道を自治体が経営する方針を示したのに対し民間から反対論が出て紛糾しているので、都市交通における公共経営論の正しさを証明しようとしたといえる。都市の貧民労働者の住宅は粗悪なので、郊外に住宅を建てて住めるようにするために交通の便宜をはかるべきであり、それをなしうるのは自治体であると考えた。さらにロンドン等欧米の事例に照らしてみると、交通機関のみではなく社会の利益や安寧に密接に関係するもの（たとえば水道）は便宜上自治体が所有するとするのが今日の大勢である、と指摘した。(3) このように『鉄道新論』には、すでに地域格差是正と公営事業論の二つの論点が組み込まれていた。

次に片山が公表したのは『英国今日之社会』である。同書は、一八九四年六月から三か月間アメリカからイギリスに渡って各都市を調査したときの報告である。卒論のテーマに即した実態分析のようであり、それまで日本で紹介されることのなかったイギリスの都市建設と都市問題について初めて具体的に叙述した先駆的な著書といえる。ここでふれられているイギリスの諸都市の例を規準として、片山は東京市の諸問題について発言を繰り返すことになる。一九九八年八月には東京市が水道税を取ることを検討中であるとの報道に対し、水道の供給は東京市が本来市民に対して提供すべき公共事業であるから、「水の価格を減し市民の水道水使用を奨励するは実に東京市の一大急務なり」と述べる。(4) さらにこのままでは水道税を惜しんで不潔かもしれない井戸を引き続き使う市民が続出しそうなので、井戸に課税してそれを防ぐべきだとした。「市を清潔にし市を以て市民二百万の健康なる家庭となさんか為めには市の水道事業を」市民すべてが享受出来るように完成させる必要があるというのが、彼の主張であった。(5)

それらの主張を体系的に論じたのが一九〇四年四月に刊行された『都市社会主義』である。やがて資本家制度に代わって人類社会を支配するに至る社会主義が最初に応用され、人々に幸福をもたらすのが都市であるので、都市社会主義という呼称を使ったという。[6] 彼は、資本主義の制度においては生産がますます社会化するにもかかわらず、分配が逆に不平等になるので、それに不満を募らせる労働者が歴史の舞台の主役になると確信していた。[7] 労働者の多い都市では、同時に都市の公共的機能も強く求められるので、その矛盾を解決することが緊急の課題になる。公共水道を整え、公共交通手段としての電車や電気・ガスなどを自治体が経営するなど、都市では「公共の利益」をはかることが緊急の課題となるのであった。さらに、都市の最大目的は「市民に幸福なる文明的家庭を作らしむる」ことであるから、生活を維持するための水や電気・交通手段の確保にとどまらず、予防的衛生に努め、公園を整備し、下水を整え、貧民の子弟にも十分な教育を行うことが出来るよう措置しなければならない。[8] そのための財源を公営事業に求めることで、一般市民の負担も軽くて済むので一石二鳥である、というのが、都市社会主義論のおおまかな見取り図であった。[9]

それではこの公共的な事業経営にどのようにして着手するか。その実現のためにこそ「市民の選挙権を拡張」し、普通選挙制度を導入する必要があるというのが、片山がこの時たどりついた論点であった。[10]

このような立場に立って、一九〇六年七月には電車賃値上げ反対の論陣を張ることになる。東京市の三つの電車会社が統合することになったが、その結果電車賃が安くなるのではなく、高くなったのはおかしいとして反対した。合併企業側は、それまで別の電車に乗り換えるともっと高かったのだから妥当な値段だと主張したのに対し、片山は合併により諸経費は節減されるし、高くなればその区間を乗る人も減る、何より市民の公共交通手段としての使命を忘れないようにすべきだ。会社側が値下げを実施しないならば、市は公債を発行したり外債を募集して「断じて電車を市有とすべし」と主張した。[11]

2　安部磯雄の公営事業論

安部磯雄は、都市公営事業論をより精力的に主唱した。安部の欧米からの帰国は一八九五年二月である。一年をおいた一八九七年には母校同志社で教壇に立ちつつ労働組合期成会や社会主義研究会にかかわった。一八九九年四月に上京し、同年五月から東京専門学校（早稲田大学）の講師に就任している。

彼の都市論への言及は上京の前年に『六合雑誌』（一八九八年九月）に寄稿した「独占事業を国有とすべし」に示されている。社会問題の解決策として慈善事業などの個人的努力（その例として救世軍を讃えている）があるが、根本的には「政府をして独占事業を漸次国有となすの方針を採らしむる」ことが必要であるとした。[12]事業として想定されているのは土地と鉄道であるが、同じように水道事業・電気電灯事業・馬車鉄道事業にも触れている。その主眼は、私的独占事業が貧富の懸隔など社会問題の原因になっているので、それらの事業を国有化することが抜本的解決策になるというものであった。水道事業等は東京市など「地方政府」が行う事業として位置づけられており、もし自治体の事業が無理なら「個人に貸して営業せしむるも可」とするが、最後の所有権は政府が握らねばならないとしていた。公営事業論における自治体の位置づけは、なお不明瞭であるが、その考え方の基盤を示した議論であるといえる。

上京した翌々年の一九〇一年に安部は、日本で初めての社会主義政党である社会民主党の創立にかかわるが、この年に都市論への意識的な言及が目立つようになっている。都市問題を意識的にとらえ直したからであろう。もちろん安部は、片山と同様にすでに一八九四年四月にイギリスを訪問してイギリスの都市経営の実情に触れていたし、一九〇二年一一月にはグッドナウの『都市問題』を邦訳した『市制論』を刊行しており都市論への関心は高かった。彼が執筆したといわれる「社会民主党宣言書」にも、綱領の中に「市街鉄道、電気事業、瓦斯事業等凡て独占的性質を有するものを市有とすること」、「都市に於ける土地は挙げて其都市の所有とする方針を採ること」が盛り込まれていた。[13]

一九〇一年四月に刊行した大著『社会問題解釈法』や六月に公表した「都市的社会主義の勝利」を読み返してみると、この時一気に安部の都市論の骨格が組み上がっていたことを知ることが出来る。[14] これまで電灯・瓦斯・市街鉄道の公有について論じられてこなかったのは独占事業の性質を理解していないからであるとして、アムステルダム市の電話事業の事例を紹介している。[15] さきの社会民主党の綱領に盛り込まれた公営事業論を裏付けようとする姿勢が見られる。

そして安部は、彼の都市公営事業論を集大成したものとして一九〇八年に『応用市政論』を、一九一一年に『都市独占事業論』を刊行した。『応用市政論』は、市の立法・行政に始まり、市区改正・道路、道路掃除、汚物掃除、交通機関、水道、瓦斯事業、電気事業、電話事業、公園、家屋、食物の供給、衛生、警察・消防、教育、慈善事業、娯楽事業、質店・貯蓄銀行、財政、都市の装飾について、順序立てて論じている。一九世紀を都市への人口移動の時代ととらえ、都市人口の激増により社会問題のほとんどが都市問題として噴出していると見る。[16] 都市の三要件は、衛生的であること、便利なこと、住み心地のよいこと、である。[17] 文明の尺度は衛生の程度ではかるべきだと述べている。そこで多くの人々が共同生活を営む都市では伝染病を防ぐためにも上下水道を備えるなどにより衛生的に暮らせるようにすることが第一に必要となる。第二には、交通機関を整備し、水道・電気・瓦斯を安価に供給することが求められる。家屋を装飾的にし、道路を車道と人道に区別して境界に樹木を植え花園を設け、全市を一大公園にすることが第三の課題である。それにより住み心地のよい環境が整えられる。[18]第四に、電気事業や瓦斯事業は市が経営すべきであるという、それまでの主張を繰り返した。この点については一九一一年八月に刊行された『都市独占事業論』においてさらに詳細に述べられている。そもそも都市自治体の目標は、「市民の幸福を謀ること」であり、そのためには都市独占事業を公有としなければならないというのが、その結論である。人々は便利さを求めて都市に集まるが、その象徴は交通機関である。貧民が市の郊外で居住出来るように、大都市の交通機関は運賃を低廉にすえおき、均一料金としなければならない。電車は「文明社会の公道」であるから、租税によって道路をつくるように、公費によって電車を経営すれば運賃を無料化できる。[19]電気・瓦斯も同様であるとして、横浜市における瓦斯市営事業や大阪市における電車市営事業がいずれも好成績であることを紹介している。[20]ひるがえって東京市の場合、東京電灯会社や東京瓦斯会社の利用料金は他都市に比べても高いので、これを公有とすべきである。「電車、瓦斯、電気の三大事業を」公有にすると共に、水力電気事業も公有にすべきだと論じた。[21]これは公営事業の国有論を主張してきた安部にとっては、それをくつがえす新たな論点である。この論理は後の富山県における電灯料値下げの住民運動の中心論点にもなっていくのである。安部は、一九一四年二月刊の雑誌『新日本』に「電灯事業市有論」を寄稿した。市街鉄道会社を私営会社に経営させたために政友会との腐れ縁が出来てしまったように、政治の腐敗を防ぐためにも電灯事業を市有とすべきだとした。[22]

一方このような公営事業論を実現するためには、住民がそのことを認識する必要がある。大学等で「市政研究」を進め、教育する。そして「自治制の精神」を実現するために住民が市政に興味を持たねばならず、そのためには市会議員選挙法にある選挙権者の資格である二年以上居住していること、直接国税二円以上という二つの

条項を撤廃することが不可欠であると主張した。(23)

このように片山と安部の公営事業論は、議論のプロセスこそ異なるものの、ほぼ同時期に展開されており、両者ともその達成のためにこそ普通選挙の実施を求めたという共通点がある。そして、彼らは折から起こった東京市電に対する電車賃値上げ反対運動や東京市電公営論争の当事者として関わることになる。

3　電車賃値上げ問題と市電公営論の推移

東京市の市営電車事業をめぐって、電車賃値上げ反対運動から市営事業の展開期までの推移をたどりつつ、片山や安部の公営事業論の現実の社会に対する有効性について考えることにしよう。

まず一九〇六年の電車賃値上げ反対をめぐる問題である。発端は、三月二日に、東京市で電車を経営していた東京電車鉄道・東京市街鉄道・東京電気鉄道の三社が、それまでの三銭均一の電車賃を五銭均一に値上げすることを公表したことにある。各新聞は、こぞって値上げ案に「公共」の立場から反対した。万朝報は「電車賃金三銭五銭論」を掲載して、会社側の値上げの論理を丹念に紹介し、確かにこのままでは収益も少なく器械や線路の維持・修繕もままならないようなのでやむを得ない面はあるが、交通機関の問題は単なる民間会社のことではなく、今回の値上げ発表は「東京市民の交通といふ公共の考へをば全く無視したるものなりし事を遺憾とす」と控えめに批評した。(24)

市議・区議の有志や諸社会団体はこの大幅値上げ案に強く反発し、反対の運動を進めることになる。とりわけ麹町区議会をはじめ、牛込・芝・赤坂・本郷・京橋など一〇の区議会が値上げ反対を決議したという。一五区議会の連合による反対運動も組織され、内務大臣への意見書提出や直接陳情を行った。このような区議会レベルの取り組みは、値上げを承認しようとする内務省には大きな障害だっただろう。

一方市議会は特別委員会を設けて審議した。市議会は、三月一二日に早くも値上げを認める決議を、また一五日には電車市有を期すると決議した。[25] いわゆる国民主義的対外硬派の国民作振会や日東倶楽部と社会主義系の社会党などが連携し、値上げ反対の演説会を定期的に開いていった。このような動きに制約されて、内務省は三月二三日に三社が申請した値上げ案を却下してしまった。

しかし内務省はこのときは値上案を不許可としたものの、七月には電光石火で認可してしまう。値上げは既成事実化し、反対運動は後手に回らざるをえなかった。安部磯雄は八月一二日に開かれた電車問題大演説会で演壇に立つとともに、新聞紙上に「電車値上の不当（政府及び会社の横着）」と題して、内務省が調査した合併後の収支計算は現状の収支を基礎としており将来の乗客増加を見込んでいないことを指摘した。現在三社合計で一日四五万二千人の乗客数であるが、内務省はこれを四銭に値上げすると四〇万六八〇〇人になると見込んでいる。しかし平均一割乗客が増えるとすれば、二、三年で五七万人の乗客数になるので値上げする必要はない、とした。さらに「電車値上断じて許すべからず」では、ベルリンやグラスゴー、マンチェスターの例をあげて、「電車の収入は十年を出でざるに倍加すべし」と指摘した。また会社側が窮状を訴えるなら、東京市に交渉してこれを買収するのが得策であると進言した。[26]

それ以降、局面は三社合併による値上案が取り下げられ、電車市有案に転換した。尾崎東京市長は、九月二一日の市参事会にいきなり既設線路一マイルを十万円で買収する電鉄市有案（一株の買上価格七五円）を提出した。このことを報じた九月二八日付の新聞は、この市有案は当分市参事会の議論の対象とはならず、たとえなったとしても参事会員には熱心な賛成者は誰もいない模様だと伝えている。しかしその後、電車賃値上げ問題をどのように収拾するかという状況の下で買上価格が高めに設定されることとなり、一九一一年八月、ついに市有案がまとまった。新たに東京市電事業がスタートすることになった。

電車市有化後の東京市電気局による市電事業は、諸税金の賦課から免れ、重役賞与等も廃止するなどにより一定の経営改善が見られたようである。ただ東京市財政そのものが不安定で、電車改善拡張・築港・下水道拡張等の事業費の支出に窮する状況が生まれた。加えて一九一六年度から電車会社購入時に発行した市債の償還が始まるので、その引当金を用意する必要が生じた。

その財源をめぐって、一九一五年には改めて電車賃値上げ問題が浮上した。電気局は九月一日の市参事会に割引制度の削減とともに、市債償還の資金を得るために運賃一銭程度の値上げを盛り込んだ調査書を提出した。この調査書に基づき、奥田東京市長は五銭への値上げを柱とした整理案を提案することになった。この値上げ案は曲折の末、一九一六年五月に認可がおりて実施されることになった。市民は反発した。電車賃値上げ後、乗客は減少した。(27) 市民からはせめて電車賃の割引時間を以前と同様に復旧すべきであるとの要求が出され、各新聞もそれを支持することになる。

こうして電車の公営事業化は実現したものの、様々の問題がからむことで市民が求める電車賃値上げ反対の論理は通らなかった。このことは安部などの主唱する公営事業論が内包する弱点が露呈したものであるともいえる。(28)

日露戦後に公営事業論がおおやけの場で議論されるようになり、かつ東京市などいくつかの自治体で先駆的に公営事業に取り組まれていったことからすると、公営論の波及力は大きかったといえる。しかし実際に公営事業が営まれ、様々の問題点が明らかになるにつれて、片山や安部が描いたバラ色の未来には必ずしも直接つながらないことも見えてしまう。経営体質の問題、現実政治との妥協の問題、貧民救済的役割を果たせるのかどうか、といった具体的問題に直面せざるを得なかった。安部はなお都市公営事業論の理想を追うが、片山は海外に身を移し労働者問題等に取り組むことになる。

第二節　生活自治論

1　弁護士活動の出発

東京市電問題に弁護士として求めて関わることになった人物がいる。すでに森正によって紹介されているように、布施辰治は、一九〇六年、折から裁判沙汰になっていた電車賃値上げ反対騒擾事件の弁護人に自分で名乗りを上げ、同年六月に開かれた第五回公判に出廷した。彼は、検事局が故意にこの事件を凶徒嘯集罪として捏造するために各地の集会における演説内容を事前に調査したことを追及したという[29]。布施が約一年半の司法官試補の職をなげうって弁護士に転じたのは一九〇四年二月である。自分の弁護士事務所を開いて、このような裁判に関わることが自らの「天職の実行」であると考えたからである。

その布施によって、今度は生活自治論へのアプローチが試みられることになる。その経緯をたどることにしよう。布施辰治は、従来人道派弁護士、あるいは社会派弁護士として知られる。社会派としては、一九一一年の東京市電ストライキのスト煽動事件の弁護にはじまる労働問題への関与がある。一九一九年の八幡製鉄所ストライキ事件、一九二一年の神戸三菱・川崎造船所労働争議弾圧事件などに関わり、その一方で労働総同盟の結成に関与し、また一九二七年には日本労働組合総連合の会長にもなっている。小作争議をめぐる法廷での争いにも登場し、新潟県の木崎村小作争議における農民側弁護士として活動した。そのため一九二八年の普通選挙による最初の衆議院議員選挙に、新潟二区から労働農民党の候補として立候補したが落選している。小作争議が法廷に持ち込まれる場合に小作人側を支援するために『小作争議の戦術と調停法の逆用』、『小作争議法廷戦術教科書』、『小作争議にたいする法律戦術』を刊行した。(30)

社会派弁護士としての活動と共に、布施にはもちまえの正義感から人道派としての側面も強く見られた。電車賃値上げ反対騒擾事件と同じ頃、布施は旅順攻撃の生き残り兵士の死刑囚（強盗殺人事件）から冤罪裁判の弁護を依頼されて、初めて死刑囚の弁護を担当した。以来自ら「死刑囚弁護士」を名乗ることとなる。(31) 社会派と人道派という二つの顔は、布施の弁護士活動の車の両輪となった。その一方で人道派としては、数々の冤罪事件への関与と共に、一九二二年頃から廃娼運動に深く関わっていったことが挙げられる。安部磯雄とともに雑誌『廓清』の常連執筆者となった。また『公娼自廃の戦術と法律』を刊行して、娼妓自身が自由廃業を申し出ればかなえられることを、前借金問題などを含めいずれも現行法の枠組みに即して解決できることをわかりやすく解説した。(32)

このような社会的最弱者へのまなざしは、朝鮮人にも深く注がれる。「朝鮮独立運動に敬意を表す」を公表したために取り調べを受けたのが、布施の最初の筆禍事件であったという。(33) 彼は、関東大震災後に大逆罪として逮捕された朴烈らの事件を一貫して弁護した。

布施の活動と思想は、社会派・人道派弁護士であることに留まるものではない。法解釈を基盤とした政治活動にも注目せざるを得ない。従来の研究ではとくに普選運動や無産政党運動、労働・農民運動について語られ、「戦闘的民主主義者」として位置づけられてもいるが、ここではふれる余裕はない。(34)

2　生活運動

それら三つの側面を押さえた上で、なおそこからはみ出るもう一つの側面に注目したい。本論がとくに着目する生活への視点である。この側面で最初に注目されるのは、一九一八年の米騒動への布施の弁論活動である。彼は第一次世界大戦の教訓として最大のものが「私共の生活苦に艱（なや）ましめられたる実力正視の自覚であった」とする。「然り而して世界改造の工程を急がしめたものは、文化の中毒を切開治療したる戦争の教訓に負ふ一般民衆自覚の力であ」り、それが米騒動の歴史的意義であるとした。[35]そして都市における「生活苦」の最も大きな問題である借家争議に関わることになる。

布施は一九二二年一月四日付の読売新聞に「大正十一年にたいする予言と希望」と題して「工業労働者の所謂労働争議と、農村労働者の所謂小作争議と、夫れから一般無産者の生活を脅かす借家争議とが一緒になった所謂無産者争議の起こる事」を予測した。[36]たしかにこの年一〇月、東京で借家人同盟発会式が挙行された。布施は「同盟の提唱者として又、今後同盟の責任者として」これまでの経過を報告した。その趣旨は、同盟の機関誌として翌一一月に発刊された『生活運動』の創刊号に掲げられた「発刊の辞」の以下の文言に示される。

私は、私共が、お互ひ人間に生まれて来た、生活権を斯ふ主張する。

私共が、人間に生まれて来た真の幸福は、お互に求めんとする、総ての物が、他から献けられ、捨てんとする総ての物が、他へ献けらるる、有ちつ有たれつの満足があって、不自由の無い、生の歓喜に在るのである。

私共が、人間に生まれて来た、真の尊ふさは、お互に有つべからざる物を有つ、強者のオゴリを捨てて有つへき物を有たない、弱者へ献くる、有ちつ有たれつの社会生活を営む、相互扶助の精神に在るのである。

私共が、人間に生まれて来た、真の強さは、生きんが為には、何ものをも敵とする、生活権の主張を真向に

振翳させて、どんな生活苦の圧迫にも打ち勝って行く、生の力に在るのである。(37)

布施は「東京市三百万人市民中、九二パーセント迄が借家人」であるという統計上の事実を前にして、生活苦を団結の力によって乗り越え、人間の幸福を追求する権利としての生活権を主張するのが借家人同盟であると提唱した。これは人々の生活権を、人間的幸福を実現するための最優先の課題として宣言したものにほかならない。同盟は、そのような「生活権を維持することを可能とする公共の空間」を獲得することに求めたといえる。布施は早速『生活運動』に「借家人の戦術」などを連載した。(38)

同盟が結成された直後に起こったのが一九二三年九月の関東大震災である。多くの罹災者は、倒壊した建物を片付けつつバラックを建てて生活を立て直そうとした。そこに起こったのが借家人の法的権利の問題である。同盟は「バラック護りて戦はん、バラック居住を確保せん」の譜を含む「バラックの歌」を歌いつつ、借家人の移転損害補償や東京市による区画整理問題等に取り組むことになった。(39)とくに法的な問題に対応するため、布施は一九二五年七月に『復興計画と住宅対策─区画整理と借地借家人、借地借家臨時処理法の解説─』を刊行している。(40)

3　生活自治論

これまで見てきた布施の活動において「地域と自治」に関心が注がれた形跡はほとんどない。しかし布施は数々の出版活動の一環として、一九三〇年に『自治研究講話』を刊行している。(41)布施には普通選挙制度導入を訴えた初期の刊行物があるが、それ以外のほとんどの著書は弁護士活動や裁判に直接関係するものであった。何故この時、突然ともいえる自治に関わる刊行物を世に問うたのであろうか。

この問題を解くためには、彼が精力を注いだ普選実現のための活動が限定的とはいえ普選法として一九二五年に実現したことへの対応、また普選第一回の衆議院選挙に無産政党候補として新潟二区から立候補して落選した体験に触れる必要があろう。新潟県における最も激しい小作争議として知られる木崎村争議の争議団から衆議院選への出馬を依頼されての立候補であった。普通選挙が導入された第一回の選挙であり、農民票の掘り起こしが期待された。しかし同じ選挙区では、北部の中条町を中心として一九二〇年代初頭から差米撤廃を求める農民運動が起こっており、その指導者であった下越農民協会の須貝快天も立候補していた。当初から共倒れが予測されたのであるが、その通りとなった(42)。

布施自身は一九二四年六月の政治研究会結成以来、同年一二月に結党直後に禁止となった農民労働党、一九二六年一二月結成の労働農民党と、無産政党結成に関与し、無産階級の解放運動に直接関わっていたのであるが、彼自身はその目標を「一日も早く総ての人の為に、住み心地の能い新社会を建設する」ことに置いていた(43)。ただ政友会などの既成政党も「国利民福」を標榜していたので、無産階級政治運動はその具体的内容の吟味を通して政策の正当性を浸透させることが不可欠であると考えていた(44)。このとき布施の念頭にあったのは、一九二〇年以来進めてきた借家人運動のことであっただろう。彼はこの運動の単一無産政党運動にとっての意義について、次のように整理している。生産経済方面の無産階級解放運動を担うのが労働運動であるのに対し、消費経済方面については借家人運動が担わなければならない。なぜなら無産階級の実際生活における最大の消費は家賃で、全収入の一割五分から四割を固定消費する。この生活上の問題に「大衆的自治運動」として取り組まないでは、無産政党の発展は展望できないと認識していた(45)。さらに次のように述べる。

借家争議当事者のみで闘争帰結を自任自治し得ないものは、同番地、同丁目同町内、同区内と云ふ順序に組織せられた委員の大衆的自治運動とする組織を完成して、所謂、事件屋的争議解決担当の専門家を作らない様に、且つ、之に頼らない様にしたい事です。(46)

つまりあくまで自治運動としての取り組みを最重視していた。これはそれまで取り組んでいた借家人運動への強い反省から生まれた考えであった。運動精神を弛緩・堕落させる危険が高かったのは、「借家人自身が借家争議の解決に自任自治しないで、他人に依頼した」時であることを自省したのである。(47) 布施はこのとき、七年間にわたる借家人運動の経験を通して、運動にきちんと向き合うためには、問題を抱える人々が他者に依存することなく、自身が自らの問題に取り組み自ら解決する態度、すなわち彼の表現では「自任自治」を貫くことの重要性を強く認識した。この点が、著書『自治研究講話』を執筆するひとつの動機となり、かつその枠組みの骨子となる考え方を構成する要素となった。

もうひとつは新潟二区からの衆議院選立候補結果についての自省である。総選挙の前には無産政党の四分五裂の非を説き、「飽く迄単一無産政党支持の死守」を訴えていた布施ではあるが、須貝快天と合わせた農民票では当選圏に達していた選挙結果への評価はなされなかった。(48) 陰険な選挙干渉を糾弾し、今後普通選挙をさらに徹底する必要があること、言論の自由の確保が不可欠であると主張した。注目されるのは、新聞等に「農民に裏切られた無産党候補の落選」について報道されたことに触れて、次の様に語っている点である。

寧ろ農民に裏切られたと思ふものがあればあるだけ、私共は、農民の間に、政治的自覚を徹底する為めに、農村に立候補した政治的自覚の芽生に、努力する必要がある事を、痛感するものであって、所謂農民に裏切られた落選を怨むべきでないと信ずる。殊に私共は、農村の小作争議に於いては、生きんが為めの闘争を、ふだんに継続して居るのであるから、尚更、選挙の際に選挙の当落を問題外として、今後一層の努力を、農民の政治的自覚に参じなければならない必要を痛感するものである。[49]

農民の政治的自覚の重要性について強く意識したことを知ることが出来よう。このように見てくると、一九二八年以降の布施が、借家人の「自任自治」と農民の政治的自覚に向き合うことの重要性を強く意識せざるを得なかったことが理解できよう。彼は、「現行自治政の解剖と、現行市町村制批判を主題とした、講習」を行い、その速記を補修して、一九三〇年一二月に『自治研究講話』を刊行した。同書の第一章のタイトルは「普選の実施と無産大衆の任務」である。普選実施後の「一般選挙民大衆の政治的自覚」のために自治への理解を深める必要があることが強調されているのは、以上の経験と自省を反映させたものに他ならない。[50]

布施は「自治政」を「人間生活の実際を直接に支配する」制度であると位置づける。つまり彼のいう「自治政」は、生活を保障するための最も基礎的な枠組みである。それでは現行の「自治政」にはどのような問題があるのであろうか。市町村は、市町村住民全体の共同使用に供される学校や道路・公会堂・公園を管理・利用・修繕・改善する義務を負うが、にもかかわらず以下の様な問題が生じている。[51]

① 財産のある市町村民のみが市町村の財産及び営造物を利用し、財産のない市町村民はその費用のみを負担している。

② 同じ市町村の住民なのに、財産のあるものは財産のない人から家賃だとか、地代だとかをとることの出来るようになっている諸法規の解釈上の問題がある。

③ 市町村自治政は市町村住民の生活を支配するものであるから、市町村民の意志によって決定されなければならないのに、監督官庁、中央からの干渉があまりに甚だしい。

これらの結果、地域で生活する小作農や労働者などの下層民衆・サラリーマン・借家人・小売商人・無産青少年等が不遇な状況に追い込まれている。[52]

一方政治とは「共に給して共に足り、共に生きると云ふ状態に人間を啓発して行く所に」その根本的な理想がある。理想社会とは、以下の通りである。

人間の生活に必要な消費量の限度に於いてのみ、私共は生産を営み、而して其の生産の必要に応じて、私共が労働しさへすれば良い、人間生活の、労働限界を置くべきものだと謂ひ得るのである。……多数の労働者農民が血を吐くまで働らかなければならないといふ必要は全然なくなるのである。……同じ時代に生活を共にする総ての人類が、生活して行く上に必要な物資に不自由することのない世の中こそが、私共が、真に理想とする社会なのである。[53]

人々がほどほどの生活を営むことの出来る社会こそ理想社会なのであった。そして自分の生活に必要なものが、余ることとなく、不足することのない生活状態が維持される社会であるためには、「自ら進んで守る所の規律節制」が不可欠である。[54]

総ての人間生活に与へられる規律は、其の人達が進んで守らずに居られない様な規律と節制に総ての人間の進んで働く自然の力が現はれ、又それが自由に行はれ、然もそれが万人の意に投合するものであるから喜悦の心をもって恪守されることになるのである。それを最も広義に解釈すると、人間生活の自治であると云ふことが出来る。

こうして布施は、すべての住民がほどほどの生活を営むことが出来るようになるために、住民自身が自らの生活問題に自治的に取り組み、規律と節制をもって社会や政治に関わることが必要不可欠であると認識するに至った。このような考え方を、本書では生活自治論と呼ぶ。

それでは実際に住民は生活自治を目ざしてどのように「自治政」に向き合うべきか。最も必要なのは市町村会議員選挙において、民意を代表する候補を当選させることである。市町村議会こそ、「自治政」の基本である。「自治政の執行に任ずるものは、悉く市町村会の承認で定まる」のであり、「市町村の自治政は、市町村会が最高の権威を握るもの」であった。にもかかわらず普通選挙制の下でも選挙権は大きく制限されている。「生活即ち政治、政治即ち生活の原則に基づいて一切の貧困者に現在の有権者同様に政治生活に参与せしめなければならない」。つまり現行の選挙制度を改善することが自治の進展にとって必要不可欠であると説く。市町村会議員を選出するための選挙制度を改革し、女性に選挙権を与え、選挙権者・被選挙権者を一八歳以上とし、住所制限を撤廃し、刑余者救助の制限を撤廃するとともに、選挙運動にあたっては金力による競争を禁止し、デモを公認するなどの措置が必要である。(55)

選挙制度の改革と共に「自治政」に求められるのは、市町村条例の改正であるという。住民への告知を規定した公告式を改正し、宣伝ビラやポスターなどによる告知を盛り込むべきである。市参事会や町村常設委員を市町村公民から選べる様に条例を改正すべきである。そのほか学務委員の選任、市町村会の運営、諸税収入の手数料など自治制度の全般にわたって住民の立場に立った見直しを求めた。(56) このような具体策を実施するなかでのみ自治に基づいた理想社会が築かれるのであった。

4　総力戦体制へのスタンス

一九三二年以降、布施は弁護士資格剥奪と治安維持法による検挙・投獄という逆境のなかに置かれた。だが布施の言論活動は大きな制約を受けながらも続けられた。準戦時体制から総力戦体制に移行するなかで、布施の視点がどこに向けられたかは注目されるところである。実は彼の目線の先には総力戦体制下の地域と自治をめぐる問題が横たわっていた。その過程を追おう。

まず「自治政」をめぐってである。布施は一九三六年の選挙粛正運動に対して、有権者の立場から「官僚的選挙粛正」を批判した。選挙違反の厳罰主義についてはむしろ逆効果で、多くの人が違反している状況のなかでは、かえって選挙腐敗と政治的堕落を拡大するとした。また選挙粛正の啓蒙運動については、買収などへの啓蒙が必要なのは立候補者の方で、有権者に対して呼びかけるのは順序が逆であろうと批判した。[57]

戦時体制が求める総力戦遂行の目的に沿っているという大義名分、すなわち布施の議論が公表されるための前提をふまえつつ、彼は一九三八年九月に内務省地方局が公表した農村自治制度改革要綱の原案について自説を展開している。[58]大義名分とは、「農村自治の意義は、長期戦覚悟の非常時局下に、食糧確保の使命を担ふ銃後の産業部落村たること」であった。布施にとっての「産業部落村」とは、明治維新以降につくられた行政町村ではなく「経済的自然発生的銃後産業部落の自然村」であった。維新以降の地方自治体制の整備によって脇に追いやられた自然村を再び自治の基礎単位として位置づけることが、総力戦遂行のために必要な食糧増産に最も適合的であると主張した。その場合布施が自然村に対して抱いていたイメージは、「共同耕作若くは勤労奉仕班に於ける農村出征遺家族の自然的協力－水を汲んでやったり、留守を預ったり、食べ物のやりとり等々、最も緊密な協同性を結びつけられているもの」であったことに留意する必要がある。

この点について布施はさらに雑誌『文藝春秋』で、内務省や農林省が「ゆひ」を生産米供出の促進のために利用しようとしていることにふれて、ただ旧慣を持ち出すだけでは成功しないとし、共同体の慣行としての「ゆひ」への再評価を求めている。「ゆひ」は田植え時の共同労作であるというのが一般の理解であるが、旧来の入会慣行を保持している上毛大利根山林地帯の藤原郷ではすべての共同労作について行われており、正月振る舞いなどにも及ぶという。これを総力戦遂行のための政策に直接利用するという視点からのみ取りあげるような「見直し方では駄目」だと念を押す。何故なら「ゆひ」とは、以下の脈絡の中で理解されなくてはならないからである。

深い静かな用意の下にお互ひの立場に特有する諸条件を呑込み合ひ、譲り合った上でのみ、「ゆひ」と云ふ共同労作の順番が正しく、円満に決定されるところに旧来慣行の「ゆひ」と云ふ広い、深い、美しい伝統があるのだと思ふ。(59)

このような視点に立って、改革原案に盛り込まれている「部落の法制化」に、町村活動の補助機関化しないという留保をつけつつ全面賛成した。一方区（部落）を町村会議員選挙の単位とすることができるという原案には、「部落精神の誤れる伝統を脱却し得ない」として強く反対した。また同様に町村会議員に、農会長や産業組合長など職能団体の代表を加える原案にも、職業は特殊な人間生活の一面であり、議員の選出は「より広くして深い人間生活の全面を代表する選挙制度によらなければならない」として反対した。町村会に対して町村長の権限を強化しようとする意図を含む原案にも、「地方自治的精神の民意を反映せしめている町村会の立場」を対置させて慎重に反対の意志を示した。かつて指摘した町村会と町村会議員選挙が自治にとって最も重要であるとする観点を再確認したといえる。

このような総力戦遂行という立場に立って現実の政策を批判するという手法は、他の問題についても見られた。同じ一九三八年九月には家賃統制について、『中央公論』で同様の手法で論じている。(60)同年七月に家賃交通費等専門部が家賃にも暴利取締令を適用する方針を決定したという報道を受けて、どのように家賃を「公定」すべきかについて詳細に論じた。おのずから家賃の値下げを可能とする枠組みや、敷金の最高限度を明記することが必要であると、そのための条文を掲げて説明している。いうまでもなく借家人同盟の活動のなかで得られた知見を自らの「家賃公定案」として明示したのである。

その一方で布施がこの時期情熱を傾けたのは、東北山村の入会権訴訟であった。その概要は布施柑治『ある弁護士の生涯』（岩波新書）に述べられているところであるが、布施自身の言論活動の脈絡の中で見ると、とくにこの問題を学術雑誌上で盛んにとりあげたことが気になる。その初出は一九三五年一一月の『歴史科学』に発表した「東北奥地の山間部落更生対策と入会問題」である。これには「土屋、山川両氏の山村実地踏査誤謬指摘」という副題がついているように、土屋らの論文が実地調査に基づいているといいながら入会権の実態を踏まえた検討になっておらず「凶作を自然的原因に解消する」ことを痛烈に批判したものである。(61)

その続編として布施は、三か月後に刊行された『歴史科学』に「調査に対する農山村民の心情」を発表した。今度は猪俣津南雄「日本産業組合論」をとりあげ、「その善処的発展的示唆を含まない」調査報告は、そもそも実地調査の方法に誤りがあると批判した。そして『歴史科学』誌上では、再び布施が「東北奥地山村の生活を語」った。(62)山村の生活とは、入会権に象徴されるのであり、「原始共同体の土地収益形態をそのまま資本主義社会に背負ひ込んで、更らに新しい共同体にまで、資本主義時代を突き抜けて行かうとするやうに見へる入会権ほど、ネバリ強い権利は無い」とする視点に立っての現地報告であった。

さらに入会権の法的枠組みをめぐる見通しについて、布施は一九四二年三月の『社会経済史学』に「入会権の「種」「別」について」という論文を公表した。これまでの入会権をめぐる民法の規定と判例を検討した上で、入会権は属地的権利であるのに対し共有権は属人的権利であることを踏まえると、岩手県九戸郡山形村字戸呂町山の入会形態は明白に「入会慣行の共同使用収益形態から、共有関係の共同使用収益形態に発展し、更らに、独占排他の分割所有権に発展して行く一連の過程と様相を提示して、民法二六三条の「共有の性質を有する入会権と云ふよりも、寧ろ、共有権に発展すべき入会権と称する」べきであると提起した。(63)

おわりに

片山潜や安部磯雄の都市公営事業論は、それまでほとんど注目されることのなかった都市論や自治論に新地平をもたらした。電気、ガス、水道などを公営で維持するという考え方は、以後の電気争議などの場面で、様々の形で継承されることになる。その一方で公営事業が現実のものとなると、経営上はもちろん政治や財政など様々の側面で矛盾が噴き出ることになった。問題解決策の組み立て方として、公営事業論ありきということには必ずしもならなくなった。

その一方で布施辰治は、借家人など社会的弱者の弁護をとおして生活自治を基軸とした公空間を確保することが、社会にとって、国家にとって第一義的に必要であることを感得する。そのために最も必要な段取りは、生活を営んでいる住民自身が自治を維持発展させることにあると考えた。住民すべてがほどほどの生活を維持できる公空間を求めて、地域で自治的な取り組みを進めることこそが重要であると認識したのである。

注

(1) 片山潜『鉄道新論』(博文館、一八九六年)六―七頁。

(2) 同前、一八四―一八五頁。
(3) 同前、付録一―二五頁。
(4) 片山潜『英国今日之社会』(警醒社書店、一八九七年)一頁。
(5) 片山潜「欧州の首市市制と我が東京市」(『片山潜著作集』第二巻、生誕百年記念会、一九六〇年)三二―三四頁。
(6) 片山潜『都市社会主義』(社会主義図書部、一九〇三年)「まえがき」一頁。一二五―一二九頁。
(7) 片山潜「社会改良手段普通選挙」(前掲、第二巻)一三二頁。
(8) 同前、八九―一三五頁。
(9) 同前、一四五―一五六頁。
(10) 同前、一二―一三頁。
(11) 片山潜「電車値上反対意見」(前掲、第二巻)一九五―一九九頁。
(12) 安部磯雄「独占事業を国有とすべし」(『六合雑誌』二〇三号、一八九八年九月)一頁。同「社会問題上より救世軍を論す」(同前、二二二号、一八九九年五月)四六―五三頁。
(13) 「社会民主党宣言書」(『安部磯雄』一九七〇年、『安部磯雄』刊行会)二四二頁。
(14) 安部磯雄「都市的社会主義の勝利」(『六合雑誌』二四六号、一九〇一年六月)。
(15) 安部磯雄『社会問題解釈法』(東京専門学校出版部、一九〇一年)三七五―三七七頁。
(16) 安部磯雄『応用市政論』(日高有倫堂、一九〇八年)三九一―四四六頁。二、一四頁。
(17) 同前、四頁。
(18) 同前、五―九頁。
(19) 安部磯雄『都市独占事業論』(隆文館、一九一一年)一二六―一二九頁。
(20) 同前、九七頁。
(21) 同前、四四四―四四五頁。
(22) 安部磯雄「電灯事業市有論」(『新日本』一九一四年二月号)八一―八二頁。
(23) 前掲、安部『都市独占事業論』三七頁。

（24）「万朝報」一九〇六年三月付。以下この時期の新聞報道については、安部磯雄文庫所収の新聞切抜帳「明三五・三大四・五独占事業」（早稲田大学大学史編纂所所蔵）、および「読売新聞」を利用させていただいた。掲載新聞名や月日等が不明のものがあるが、そのままとした。
（25）「時事新報」一九〇六年三月一六日付。
（26）安部磯雄「電車値上の不当」（掲載新聞と月日は不明だが、内容より推定すると八月一五日頃か）。
（27）「中外商業新報」一九一六年八月八日付。
（28）荒畑寒村は、この時のことを回想して次の様に述べている。「鉄道の国有にしろ電車の市営にしろ、実際の買収価格の欺瞞はまだ先のことで現在批判の対象にならなかったにしろ、ブルジョア政府やブルジョア市会の公共機関買収が、どんな性質のものであるかは明白でなければならなかった筈だ。然るに、『光』の記者は東京市会の電車市営決議を輿論の勝利の如く礼賛し、『新紀元』の安部磯雄は「電車市有論」で買収は先へ行くほど高く附くから今のうちに買収すべきだと論じている。共に事業を公有にしさえすれば即ち社会主義だぐらいに思っているから、こんな資本主義政治の暴露と弾劾の好機を逸してしまったのである。」荒畑寒村「続平民社時代」（『中央公論』一九七九年二月）二一六頁。
（29）森正「法律家・布施辰治の民主主義思想と行動（2）」（『名古屋市立女子短期大学研究紀要』二八集、一九七九年三月、七六―七八頁。前掲、荒畑寒村、二一九頁。
（30）布施辰治『小作争議の戦術と調停法の逆用』（生活運動社、一九二八年）、同『小作争議法廷戦術教科書』（希望閣、一九三〇年）、同『小作争議にたいする法律戦術』（浅野書店、一九三一年）。
（31）布施辰治『死刑四十一話』山東社、一九三〇年、一―三頁。
（32）布施辰治『公娼自廃の戦術と法律』（更生閣書店、一九二六年）
（33）布施辰治他『運命の勝利者朴烈』（世紀書房、一九四六年）一頁。
（34）森正「法律家・布施辰治の民主主義思想と行動（1）」（前掲、二七集、一九七八年三月）、一一七頁。
（35）布施辰治『生きんが為に　米騒擾事件の弁論公開』（布施辰治法律事務所、一九一八年）二頁。
（36）「読売新聞」一九二二年一月四日付。
（37）布施辰治「発刊の辞」（『生活運動』一巻一号、一九二二年一一月、『生活運動』については、明治大学中央図書館所蔵の複製を利用）一頁。
(38) 布施辰治「借家人の戦術（一）」（『生活運動』一巻一号）四頁。
(39) 「バラックの歌」（『生活運動』二巻五号、一九二四年五月）三頁。
(40) 布施辰治『復興計画と住宅対策―区画整理と借地借家人、借地借家臨時処理法の解説―』（自然社、一九二五年七月）。
(41) 布施辰治『自治研究講話』（火花社、一九三〇年）。
(42) 「読売新聞」一九二八年二月九日付。
(43) 「読売新聞」一九二五年四月二〇日付、同一二月二日付。
(44) 布施辰治「無産階級政治運動の目標」（『進め』三巻二号、一九二五年）三―五頁。
(45) 布施辰治「借家人運動の本質及方針確立と組織の完成」（『廓清』一七巻四号、一九二七年四月）一八―二二頁。
(46) 同前、二三頁。
(47) 同前、二二頁。
(48) 布施辰治「無産政党当面の問題」（『廓清』一七巻二号、一九二七年二月）一三頁。
(49) 布施「弾圧の下に戦ひて」（『廓清』一八巻三号、一九二八年三月）九頁。
(50) 前掲『自治研究講話』二―三頁。
(51) 同前、一〇―一二頁。
(52) 同前、二二―三四頁。
(53) 同前、三八頁。
(54) 同前、二三頁。
(55) 同前、七〇―七三頁。
(56) 同前、一二七―一四四頁。
(57) 布施辰治「有権者大衆の立場から―官僚的選挙粛正を批判する―」（『労働雑誌』二巻三号、一九三六年三月）一二―一三頁。
(58) 布施辰治「農村自治制度改革原案について」（『法律時報』一〇巻九号、一九三八年九月）二三―二六頁。
(59) 布施辰治「「ゆひ」の伝統」（『文藝春秋』一九巻一号、一九四一年一月）一〇―一三頁。

(60) 布施辰治「家賃を統制せよ」(『中央公論』五三年九号、一九三八年九月)二八五－二九六頁。
(61) 布施辰治「東北奥地の山間部落更生対策と入会問題」(『歴史科学』四巻一二号、一九三五年一一月)一一八－一二七頁。
(62) 布施辰治「東北奥地山村の生活を語る」(『歴史科学』五巻一一号、一九三六年一一月)七九－九七頁。同前(二)(同前、五巻一二号、一九三六年一二月)五一－七二頁。
(63) 布施辰治「入会権の「種」「別」について」(『社会経済史学』一一号、一九四二年三月)一九四－二〇四頁。

第五章　電気料問題と地域社会

はじめに

本章と次章では、大正デモクラシー期以降に公空間をめぐって争われた二つの事例を検討する。まず電気料問題である。

家庭の中に電灯がともり、ランプ生活から解放されたとき、人々は近代文明の恩恵を実感した。電気と日常生活が結びついた瞬間に、その利便性は後戻りできない生活の道具として定着することになる。しかしその電気の供給が不安定で、しょっちゅう停電に悩まされ、なおかつ電灯・電力料金が高いと感じたとき、人々はその低減を求めて様々の行動を起こす。この電気料をめぐる確執について、富山や新潟を中心に全国的動向にもふれながら検討する。

この電気料値下げをめぐる運動は全国的に展開されただけに、これまで運動史的アプローチを含むいくつかの研究がある。そのなかでも先駆的な研究は奥田修三によるもので、昭和恐慌期の兵庫県の電灯料値下げ運動を詳細にたどり、その特徴を旧中間層による大恐慌期の生活権擁護運動であるとした(1)。一方米騒動と同様に運動が全国化する契機となった富山県の電気争議をまとめた梅原隆章の研究は、その性格を電力独占資本への反資本運動と特徴づけた(2)。

近年の成果としては、白木沢涼子が電気料値下げ運動の全国的動向と典型的な個別例を検討した上で、①運動は自然発生的であり、旧中間層が中核的な役割を果たしたこと、②電気料の格差が是正されるなどの成果があったが、近衛内閣の電力国営への国民的コンセンサス作りの役割を果たしたこと、③本運動を通して旧中間層は名望家中心の支配から脱していったことなどを明らかにした(3)。

ただこれまでの研究には電気料問題が地域社会の発展とどのような接点を持っていたかという視点が弱い。公空間をめぐるせめぎ合いの中で目ざされる町村自治運動という視点もない。そこで本章ではあくまで地域社会に暮らす住民の目線から、問題にアプローチすることにしたい。何故なら第一に、電線を各戸に引き込むことによってのみ利便を得られる電灯は、住民にとって居住地における生活に直結する道具であった。すなわち電灯料の問題を自らの生活にかかわる公的なものと感じているのは、住民組織の基本単位で地域社会を構成している人々であった。そのような視点に立った整理が必要であろう。

第二に電力料は、電力を利用する大企業の問題でもあるが、後述するように第一次大戦後になると個人営業の零細な事業者の多くも動力として電気を使用していたのであり、地域社会の中小零細事業者も強い関心を持っていた。電気料問題は何より地域社会という具体的な場における公共をめぐる問題であるので、その現場で取り上げられることが必要となる。

第三に、電気はそのまま包装して長距離輸送することが出来ない地域限定のエネルギーであった。電線の距離が延びれば、電送の効率はどんどん下がってしまう。したがって電気会社の存立条件は、利益を確保できる一定の範囲内に電気を供給する地域的な企業であることだった。

第四に、市町村財政がますます逼迫する中で、その打開策を模索せざるを得なかった首長や市町村会議員のなかには、電気事業の公営に強い関心を示す人々がいたことにも留意しておきたい。

そこで前章で検討した電気・ガス等の公共性をめぐる議論を前提としつつ、電気料値下げ運動が全国化するきっかけとなった富山県の事例について、地域社会の具体相に即して検討する。また新潟県の場合を全国的動向と対比しながら考える。これらの作業を進めることにより、当該時期の地域社会の歴史的位相を、電気料をめぐる問題を通して浮き彫りにしたい。

なおここで実際に戦前期に町村営の電気事業がどの程度実現していたかを概観しておく。一九一一年以降の町村営電気事業の個々の創立年代と需要家の灯数を見よう。三〇道府県下の町村で営まれているが、灯数からいうと一九一一年から一九一五年までの五年間の合計が一四万九九五八灯で、全体の四三・一％を占めている。以後一六年から二〇年までが二二・三％、二一年から二五年までが一七・三％、二六年から三〇年までが四・三％、三一年から三五年までが一・六％であった。一九一一年から一五年までの五年間がピークだったことがわかる。ただ件数を見ると、一九一一年以降が一一件で、以後二〇件、四〇件、一四件、四件となっている。つまり町村営の電気事業の創立数は、一九二一年から二五年までの五年間が最も多く、それぞれの規模は以前に比べると小さかったことがわかる。(4)

第一次大戦後において、小規模の新たな町村営電気事業が勃興した背景のひとつに、町村長会の動向がある。たとえば長野県町村長会では、一九二二年一〇月の総会で、町村の事業を奨励し、その収益によって税外収入を増加するために、町村営の電気事業を興すことが最も適当であるという報告書をまとめている。(5)

時代は下るが、一九三一年一月号の『全国町村長会報』には、一九三〇年一二月に開かれた福岡県町村長会の幹事会で、県民負担軽減のために電灯電力料金値下げ断行を決議し、申し入れたことが報告されている。[6] その記事に続いて明治大学教授小島憲の講演「自治と公営事業」が掲載され、電気事業の発電・送電については国営がいいが、配電については市町村が担当するのがいいとの見解が示された。[7] その趣旨には幅があるとはいえ、電気事業町村営への町村長の関心をうかがうことが出来る。

電気公営論は、電灯が生活の一部にとけ込みつつあった一九二〇年代には、一般の人々にも受け入れやすいものとなっていた。富山県下の電灯争議を現地調査した上で執筆された三宅正一・星野三省『電気料はいくらが正当か？』は、「電気は空気や水と等しき民衆の必需品」であると指摘し、電気事業は公益事業なので利益配当を六分以下に制限し、経営の監督権を民衆に与えるべきだとした。市町村の自治機関が電力会社を買収し、市町村営にするよう提唱したのである。[8] そこで以下において、町村営電気事業が各地で営まれつつあった現実のなかで、実際に富山をふくむ電気料値下げ運動がどのように展開し、いかなる特徴を持っていたかを考えることにしよう。

第一節　電気料問題と地域社会の論理――富山県の場合――

1　中小商工業者

電気料金問題を地域社会で真っ先にとりあげたのは、中小商工業者であった。きっかけは一九一四年に富山県下を襲った水害である。富山電気株式会社（以下富電と略す）が水害による電柱の流失等の被害の補塡のため動力料金一馬力三円五〇銭を四円に値上げすることにしたのに反対して、西水橋町の篠田七治らは動力使用者協会を設立して交渉した。協会の加盟者は、富山市・上新川郡・下新川郡・婦負郡の一市四郡にわたっていた。このときはとりあえず、値上げの代償として年二百円を協会に寄付する、料金改定の際には協会の承認を得るという二点を確認して解決した(9)。

西水橋町では、一九一七年にも新たな値上げに対して自家用変圧器の購入問題等をとりあげて電灯・電力料の不納同盟が作られた。このときは会社が変圧器を無料貸与し、町内の電柱に外灯を寄付点灯することで解決した(10)。このような一九一〇年代における電気料問題をめぐる中小商工業者と会社側との交渉は、一般の地域住民が電気料に関心を深めるきっかけとなった。

富山電気争議の出発点となった三日市町の場合も、一九二七年の春に富山新聞記者の呼びかけに応えた動力使用者の値下げ要求であった。当初の担い手が中小商工業者であったことは、動力料の値上げが彼らの経営の維持にとって直接の打撃となったからである。この頃には動力の使用は、町村の中小零細商工業者に普及しつつあったので、値上げによる打撃に共同して対抗せざるを得ないとする認識が地域社会のなかに生まれていたことが注目される。

ちなみに新潟県の事例であるが、県北の山形県との県境にある村上水力会社の一九二八年二月における用途別電動機表によると、全体で五九〇・八五馬力の使用量のうち、製材業が一五五馬力（一〇台）と最大で、以下精米業が一二九馬力（五一台）、精米籾摺業が六七馬力（二七台）、灌漑揚水業が六五馬力（四台）、汲水業が二五・七五馬力（二一台）、木工業が二五・五馬力（一二台）であった。そのほかの利用業種は、製茶業、打綿業、湯屋汲水業、汲湯業、ラムネ製造業、醤油醸造業、麩製造業、魚加工業、稲扱藁打業、印刷業、製飴業、精米製粉業、製麵業、豆腐製造業、缶詰製造業、精米揚水業、製紙業、旋盤業、鉄工業、蒲鉾製造業、機織業、再繰業、繰糸業、煮繭業、製縄業、精米製縄業、理化実験業、瓦製造業であった。合計の馬力数は三条町のそれを凌駕しているものの、そのほとんどが零細な自営製造業であったことがわかる。つまり動力料値下げを求めた業者のなかには、比較的規模の大きな繊維産業なども含まれていたものの、大部分は豆腐製造や旋盤業など個人営業の零細な製造業者であった(11)。

2　滑川町電気料金値下期成同盟会

三日市町青年団の中川秀秋・稲葉常雄・北原泰造等は電灯料金の比較調査や富電の営業状態を分析し、三日市町青年団名で電灯三割五分値下げを主張する宣言書を配った。日付は一九二七年一〇月一〇日である。地域唯一の大企業である富電に対抗するために地域的連携を求め、東岩瀬町や滑川町に働きかけた。東岩瀬町では、中川らの働きかけに宮城彦造が呼応して運動を開始した。それとは別に西水橋町の青年篠田耕三も、地元で値下げ運動に着手していた。

運動全体の中心的役割を果たすことになる滑川町では、一〇月六日の滑川商工会役員会で、一割見当の電気料値下げ運動を進めることを決めていた。三日後の九日、中・下新川両郡商工連合会も値下げ運動に着手することで一致した。早速一三日に富電と第一回の交渉を持った。公益事業であるから値下げすべきだと迫る商工会代表に対し、金岡富電社長は富電の営業成績が良好なのは経営努力によるものであり、一割四分の配当は三七〇万円の積み立て利息からの支出であると突っぱねた(12)。

滑川町商工会は行き詰まり、次の手段を模索するために青年団と話し合うことになった。一七日から二八日までの間に青年団と商工連合会による三回の会合が持たれ、各町に働きかけて運動の新展開をはかること、滑川町値下期成同盟会を結成することになった。その背後では西水橋町の篠田耕三が、運動の発展のため松井上吉に値下げ運動に立つよう要請した。松井は、県下の無産団体で最も勢力の大きい社会民衆党の組織のまとめ役をしていた。こうして商工会を頭としつつ、その実働部隊としての青年団、指導組織である実行委員会の委員長に社会民衆党の松井上吉、副委員長に青年代表の山田五三、かつて滑川普選期成同盟会のメンバーであった浅岡常次郎も加わって運動組織が組み立てられ、全町民に呼びかけることになった。

一二月九日に滑川町電気料金値下期成同盟会が発足した。相談役には現職の町会議員のほぼすべてと、町の有力者が含まれていた。組織として挙町体制をとりつつ、実働部隊として先の組織が動くことになった。相互に有機的に機能を分担するという滑川町独特の体制がつくられた。

梅原隆章が引用している商工会の記録には、滑川商工会副会長の深井粂次郎が「町有志及青年諸士及各所の世話人を町役場に召集して諸般の協議」を行い、第一回の委員を決めたとある。[13] そこに名を連ねている複数の人への筆者による聞き取りによると、掲載されているのは滑川町の東の人ばかりで西の人は入っていないとのことであった。[14] また同表には各町の世話役が名前を連ねているが、彼らは町の中堅どころであったという。小泉忠吉は富山県売薬同業組合滑川支部の書記として勤務していたが、常磐町一区の五〇〜五五軒の世話役をしていた。二区は中村健太郎が担当していた。小泉は電気争議の時期は二七、八歳で、町内の青年団長として町内のまとめ役になっていた。滑川町では二五歳までが加入条件である官製組織としての青年団の活動は活発ではなく、三五〜四〇歳までが参加する自主的な青年団組織が用水の管理など町の自治的な仕事を担っていた。それだけに彼らへの町内の人々の信頼は厚く、電灯の返還や供託などの同盟会の活動にも協力的であった。神明町の森清次郎は、小泉の三歳年下で滑川町役場の書記であった。やはり町内の世話役として、同盟会本部に行って方針を聞いて伝達したり、ビラを配ったりしたという。青年代表の内実は以上のようなものであったから、同盟会自体は極めて自治的な、地域に根ざした組織であったといえる。町民は「予期に反せず、僅か一日にして全町挙って申込書に署名捺印」した。[15]

このように滑川商工会の運動がいったん挫折した後に新たに結成された組織は、滑川普選期成同盟会の流れをくむ人脈と、社会民衆党の活動スタイルのノウハウをもった人物を指導部に組み込み、各町内会の世話役を網羅した強い結束を保ったものとなった。

3　地域社会の論理

ここで滑川町等で値下げ運動が展開されるにあたって認識された地域社会の論理について整理しておこう。

第一は、電気事業は公益事業であるとする認識である。滑川町同盟会は、「電気事業は公益事業であって且独占事業たるの性質を有して居る」と述べて電気事業公営論を主張した。[16] ところが現状は私企業が電気事業を独占している。

全く事業の「公共性」を蹂躙した態度であらねばならぬ。抽象的に言って普通の企業利潤に比し、それよりも稍低きを以つて甘んずべき事業の特殊性を自ら破棄するを快しとするが如くに、依然として富山電気会社が「壱割四分」の好配当の維持可能なる、是こそ正しく我等よりの「搾取」の結果の賜である。従って値下げ運動は余りに当然なる帰結であらねばならぬ。[17]

滑川町の同盟発足時の「宣言」の冒頭には、「我等民衆の福利増進と社会的害悪の一端を除去せんが為めに、私営より国営に委譲すべき事業の数や多々ありと雖も、其最も緊急を要するものは電気事業の国営である」と記されている。電気事業を本来国家が経営すべき非営利事業と位置づけての批判であった。これは富山県が一九一八年以降県営電気事業に乗りだして以来の電気に対する住民の意識のありかたを前提とした議論の組み立て方であった。つまるところ、「然るに独り水力の女神として、将来電気王国として全国的憧憬の的となって居る、彼れ富山電気会社のみ依然として、好況時代の高値を維持し、優に一割四分の配当を持続し平然としている」ことが問題なのであった。

この論理は人々の正義感を刺激した。もともと不況の下で値下げが実行されれば幾分でも生活の助けになることが動機になっていた。要求が極めて正当なものであることの確認は、運動が公空間をめぐる競合のなかで、みずからの正統性を確保するよすがとなった。

第二は、富山電気会社を始めとする電力資本は過剰な利益を得ており、消費者にそれを還元していないとする論理である。会社側との交渉の最大の焦点は、長年一割四分の高配当を維持している点である。それだけの余裕があるなら値下げが可能であるとする同盟会側に対し、富電は多岐な論点を示して反論した。

次に第三は、これも先にふれたように、水電王国として郷土を認識するが故に、電気料が他地域より高いことは許せないとする論理である。水害に悩む富山県では、治水が県政・市町村政の第一の課題であったが、電力産業の勃興に伴い豊かな水が富山の地域的発展の基盤と考えられるようになる。

水電王国の富山県が県下に発源する電力を、却って他府県人より高価に買ひ入れねばならぬ如き、県下をして日本有数の一大工業地たらしめ得る必然性の放棄であって、県の発展を阻害する、実に電気電力高価に如くものはない、と云ふのである。(18)

運動の中心的担い手の一人である山田五三が運動に加わった最初の動機は、水のために被害を受けて多くの治水費を負担したのだから、安い電気を使うのは当然の権利であるという正義感からであった。五三は魚津中学から明治専門部で法律を学んだ後滑川に戻っていた。三日市の中川とは同世代であったこともあり、彼が持ってきた電気料値下げの運動を滑川で進めることに同意した。演説を担当したり、各地に応援に行ったりした。滑川の運動が成功したのは、各町内に世話役がいて運動を町民全体が支えたこと、商工会や社会民衆党など組織は色々あったが同盟会の実行委員会で決まったことを皆で実行したことなどであると、山田は回想している。

一二月一三日に富山電気会社と第一回の交渉を持った際に、同盟会は不景気と物価の下落のため値下げすべきであると主張したが、同時に「当地は電気王国なるが故に、送電に要する諸設備の他に比し容易にして、且つ低廉」であることを強調した。電気王国である富山県の住民の電気料金は、すぐ近くに発電所があるという自然的条件を考えると他の地域より安いはずなのに、何故そうなっていないかを富山電気会社に質問した。

第四に、地域を発展させようとすれば豊富な水に頼らざるを得ないとする、富山の歴史性をふまえた地域発展の論理がある。一九二八年五月一五日に松井上吉・山田五三ら七人が逓信省に陳情のために上京したときの「陳情書」は以下のように述べる。

半冬国の富山県が世界に誇る水電王国になることが出来たのは、巨大な土木費を徴せられ而も天恵の薄き土地を耕し只管堅忍不抜の意志力に依りて其生活を持続してきた富山県民のお陰である。今後富山県の隆盛のためには、天恵のたまものである電力を安価に提供して化学工業を誘致し、民福をはかるべきである。[19]

ところが政府の保護の下にある富電が県民に犠牲だけを払わせ、利益を独占していることは「許し難き非違」である、とする論点を示した。公益事業であるにもかかわらず一割四分を配当し、値下げに応じない富電を批判しているのだが、批判の枠組みが富山の歴史や地理的特質を振り返り、今後の地域発展を展望する観点から組み立てられていることがわかる。

なお第五に、逓信省（天皇、富山県）は電気料値下げを支持しているとする論理がある。三月一四日の県警察部との会談において、山田五三の質問に対し県の金子技師は「(富電のような－筆者注）一割以上の配当をしてをる会社としては値下の余地充分あると警告を受けたのです」と答えている。[20] 松井上吉は、富電は国家の保護を受けているのだから、もし問題があれば電気事業法第六条の「公益上必要なりと認めたる時は、電気事業者に対し料金制限其他電気供給条件に関し必要なる命令を為す事を得」とする条文を適用すべきであると主張した。[21] 法に基づいた運動の遂行と会社への処置を求める行動であった。

地域社会から見ると、自然的条件に恵まれない「裏日本」の一角において、近代社会への転換の中で唯一発展への希望の星になったのが急流を利用した水力発電であった。その希望の星が、不況時において、かえって住民の生活を苦しめるものとなっているのは本末転倒で、したがって値下げを迫ることこそ正当な行為であると認識されたのである。

4　値下げ運動の帰趨

会社側は二度にわたり断線という強硬手段に出た。一度目は一九二八年五月一五日に断線を通告し、一六日から一七日にかけて滑川町・西水橋町・三日市町の電柱から各戸に引き込む一部の線を切った。これは二日間だけで終わった。

断線措置による問題の紛糾を恐れた県警察部等は、六月に入って地域の責任者を召集し、調停委員会を設置することにした。関係町村長・商工会長・県会議員を調停者として会社側と同盟会側を懇談させた上で合意点を見つけようとした。しかし六月から七月にかけての調整作業は、両者の対立点を鮮明にしただけであった。七月一一日に調停委員会が示した一割五分二厘五毛の値下げ案に対して、両者ともこれを拒否した。

七月一六日から滑川同盟会が電灯料金の供託を始めたのに対し、富電は二六日以降に工夫を各地に派遣して二度目の断線を実施した。滑川町では町内の有力者である斎藤仁左衛門の家など七七戸であり、西水橋町は六六戸であった。東水橋町と東岩瀬町でも断線が実施された。

この措置は、各町の同盟会がさらに結束を強めるきっかけとなった。滑川町では二六日の緊急町民大会で、全町消灯で対抗すること、電球を会社に返還すること、電気町営計画を具体化すること、を決定した。山田五三の回想によると、商工会書記の椎名和三郎は、まず自分の家の電球を返還に行き、受け取りを持って帰ってきた。それがきっかけになって全町で返還運動が進められた。西水橋同盟会では玉永寺事務所に集まった電球を納棺して葬儀用に仕立てて返還に行った。(22)

東水橋町では、富電が遊郭二〇戸を断線したのに対し、千戸全部が自発的に消灯し、点灯しているのは富電出張所と巡査派出所のみであった。(23)

東岩瀬町同盟会でも、滑川町と同様町議会でランプ等を購入するための補助金の支出を求めたが、議員の一部から強硬な反対論が出て否決された。そこで八月四日に町民大会を開いて、消灯戦術を継続することで気勢を挙げた。

このように三日市町を除く四か町では、全町をあげて消灯戦術をとりつつ富電と交渉にあたった。富山市でも値下同盟会が組織されて活動し始めた。魚津町・上市町・五百石では消灯戦術は採らないものの、値下運動に参加した。

この時期に各町は町営化を模索しつつあった。電気事業の公益的性格は否定すべくもない事実であったから、値下げをめぐって問題が紛糾する状況において、多くの町村は自治体が事業の担い手となることが、よりよい選択であると考えたのである。八月五日付の北陸タイムスには、同盟会と斎藤県内務部長との会見後に行われた部長とタイムス記者との一問一答が載っている。町営の可能性について斎藤内務部長は、「趣旨としては町村、自治体産業組合等で経営することが出来る、而しこれは一般的でその局部、東岩瀬とか滑川とかいふ一町に関しては町村財政の状態その他の事情を考慮せねば不可能であると思ふ」と答えた(24)。事情が許せば町営は可能であるとの答弁であった。運動の担い手自身が電気事業の公共性を自覚し、町営をにらんだ運動の役割を認めた。それを地域社会が様々の立場から支えているという状況が現出した。

八月七日から九日にかけて、同盟会と連合会は斎藤県内務部長に出頭を求められて会合した。県知事への調停一任を求められたのであるが、この時点で滑川同盟会は話し合いに応じないことに一決し、連合会とたもとを分かった。同じ頃白上県知事は逓信大臣に面会し、早期解決を依頼されて一〇日に富山に戻ってきた。知事はこの際自分が主導して調停するしかないと堅い態度を示した。逓信省が富山県当局に授けた解決案は以下の通りである。第一案は配当金の一割三分を一分以上削減して値下げにあてる、第二案は自然的・地理的条件のお陰で会社の経営が安定しているので三、四〇万円分の値下げは出来る、もし調停が成立しない場合は電気事業法六条を適用して監督官庁が命令することになるというものであった(25)。同日富山県町村長会は電気争議の解決を知事に陳情し、声明書を発表した。争議の長期化は健全な町村自治の進展を阻害する恐れがあり、早く円満解決するよう努力して欲しいと述べている。そこで富電は県の命令によって断線した箇所をつなぐ作業に入り、また知事への白紙委任を打診し始めた。

他方滑川以外の同盟会は、県との交渉の窓口であった宮城彦造が和解金として一三万円を受け取ることを交渉条件としたとされる「十三万円事件」により動揺し、一九日に県知事への白紙委任覚書に調印してしまった。知事の調停は電気料金一割三分七厘の値下げ案であり、前回の調停委員会の案より後退していたが、同盟会側ではいったん白紙委任した以上これで落着せざるを得なかった。

何故このような結末を見ることになったかを考えよう。第一は断線・消灯を経て運動組織の側が分裂したためである。富電の断線と同盟会側の消灯戦術の採用という夏の夜の劇的事件をきっかけに、新たに運動に加わった町村も多かったが、逆に自治体としての活動の限界も表面化する。滑川町などは町ぐるみだったので例外として、たとえば三日市町では消灯戦術を採ることも出来ず、断線後は知事に白紙委任する方針に転じて同盟会の運動から離脱してしまう。東岩瀬町では、愛町同志会がつくられ警察と協力して電球を配る運動を始めた。滑川町のみが孤立する状況が生まれた。

第二に逓信省の方針が示され、妥協点が見えたことである。逓信省は、要求している三割五分の大幅値下げは無理だが、富電が利益の一定部分をはきだして値下げにあてるべきだと述べた。展望もなく対立しているよりも納得できる数字が出れば妥協してもいいと双方が考えるようになった。東岩瀬町や西水橋町で、滑川町に連帯して消灯戦術を採っていた人々のなかには、闇夜がずっと続くことに不安を抱いたものがいる。見通しのない運動を維持するだけの組織を、滑川町以外の同盟会は持っていなかったともいえる。

第三に、争議の収拾をめぐって運動内部の不協和音が高まったことがあげられる。滑川町では、値下げ幅が少ない場合には電気町営をめざすことがすでに合意されていた。他町村でも町村営が模索されており、三割五分値下げの看板を直ちにはずす必要はなかったが、そうでない場合何らかの形で妥協しないと運動を収拾できないのであった。一三万円事件は、妥協への格好のきっかけとなった。上市町同盟会は、富電が争議費用を捻出するくらいならそれを値下げにあてるべきだする「声明書」を八月一七日に発表した[26]。滑川町を除く同盟代表が受け入れを選択したのは一一月一九日であった。

滑川町では、その後も断線が続いた。滑川町同盟会は八月二〇日に松井上吉代表名で宣言を発し、知事調停が不本意な妥結であったことを「実に驚倒の至り」と表現して激しく知事を非難した。二一日に開かれた実行委員会では、逓信大臣が監督権を発動して富電に三割五分値下げを実施させるよう請願することになった。

また二四日には町民大会が開かれた。同大会には、運動期間を通して最も多くの町民が集まったという。滑川警察署長らの演説中止・解散命令により、両者が激しく対立することになった。

滑川町の電灯町営調査会は、同盟会とは別に町営をめぐって会社側と交渉していたが、九月一三日に「電灯小口電力の町営に関しては、会社は普通一般取引観念の下に双方誠意を以て交渉する」という「覚書」を交わすことで妥結した。同盟会もこの調整に従うこととなり、九月一四日の町民大会で了承され、一か月余にわたる無灯状況が解除された。

このような結末から見ると、大幅値下げなどの成果を得られなかったという意味では、所期の目的を達成できなかったといえる。だが滑川町同盟会を中心とする富山県下の活動は、中小商工業者の運動を初発とし、青年団が賛同し、それに呼応して地域社会の住民組織や無産政党支部などが中核組織として機能する新しい形態を生み出した。その背景となったのが、水電王国富山という住民の想いであった。同じ形態ではないが、全国各地で展開される値下げ運動においても多かれ少なかれこのような特徴をうかがうことができる。次に富山以外の地域について検討しよう。

第二節　全国的動向

1　石川県

滑川町同盟会の松井上吉は、石川県石川郡小松町の電気争議を視察し、その意義を次のように伝えた。

這般小松町に於ける電気争議は最もよく、此の事実を物語るものであって、同町の電気需用者は六ヶ月間料金の不払を断行したるに対し、該会社は無謀にも断線したる処、逓信条例の違反なりしが為め、会社は監督官庁から警告を受けて、遂に再送電するの止むなきに至った事実を見ても、正当理由ある料金支払猶予あるは、会社に於ても如何ともする能はざるは明白である。(27)

滑川町での活動に影響を与えた小松町の電気料値下げ運動には、周辺四か町村民が加わっていた。小松電力側が一方的に製材工場の電力線を切ってしまったことが運動の転換点となる。(28) すでに一九二七年六月には電気革正同盟会が発足して会社との交渉にあたっていた。一九二八年に入って、小松町と安宅・牧・板津の二町二か村の動力使用者約一八〇人が県保安課に出頭して電力会社側の不当性について陳情した。

県当局は、動力使用者一致の要求に対し会社側に警告を発し、逓信省に事情を具申するという対応を示す。県保安課は治安維持を最優先し、無産政党の参加などによる思想問題が絡んでなければ動力使用者の立場に立って問題の解決を図った。

値下げ問題は年を越し、一九二八年の春になって一部値下げが実施された。しかし盛り上がった富山電気争議の展開と帰趨に学んだ別の地域の住民が、部分的な値下げに飽きたらず、八月以降に値下げ運動に立ち上がった。

今回は河北郡津幡町が舞台となり、滑川町と同様の組織化が進められた。八月二三日の津幡町商工会代議会において、小松電気に値下げを求めることになったことをうけ、由雄町長は三人の実行委員を小松電気に派遣して値下げ交渉に当たった[29]。会社側が誠意を見せないことがわかると、九月一一日に需用者大会を開き、各町内会から六〇人の革正委員を選んだ上で津幡町電革同盟を発足させた。町ぐるみの組織であり、会長は商工会長であった。電気料値下げが実現するまでは料金の支払を猶予する、警察と県当局に陳情する、周辺町村の応援を求めることを決議した。なお河北郡大場村は一八日に集会を開き、津幡町の運動に同調した。

一方小松町の小松電気革正同盟会も八月二三日に各町内会の組総代の参加による協議会を開き、電灯料については一〇燭光一個につき一〇銭、動力は一馬力につき一か月一円の値下げを要求し、納入すべき電気料を各町総代が集めて交渉解決まで小松商工会長に預けることになった。

翌一九二九年一月一四日に開かれた小松町議会では、会社の電灯電力供給事業を町で買収し町営電気にするという決議を可決し、会社側と正式交渉に入ることになった。それに対し日本海電気の姉妹会社の小松電気は、これを機会に革正同盟会の値下げ要求を全面的にのむことに決した。一月二四日に解決祝賀会を催して和解し、同盟会も翌日解散することになった。他方津幡町同盟会でも、二六日に小松町と同様の値下げをすることで双方が合意した。

無産政党が関与しない中小商工業者中心の活動であったが、小松町・津幡町とも地域をあげての値下げ運動の形をとり、富山電気争議と相互に影響しあいつつ成功のノウハウをそれ以外の地域の活動にも提供していった。

2 兵庫県

兵庫県では一九二八年一〇月までの電気争議件数八〇件のうちの約半数、一九二九年三月までの一四九件のうち四二件を無産政党が指導していたという。多くの値下げ運動に無産政党が関与していたのが特徴的である。[30]

他方住民ぐるみの運動が進められた事例について、奥田修三が明らかにしている。明石市長・正副議長、尼崎市会議員などが、一九二八年の八月から九月にかけて値下げ交渉を行っている。明石市の場合は商工会議所が、尼崎市では呉服商組合などの同業組合、町内会が活動した。

加古川町では商工会が発起し、東播七郡商工会連合組織を結成している。豊岡町では呉服商組合、西宮市では酒樽工組合が担い手となっている。加古郡や但馬では、郡内の町村長会が指導的役割を果たしていたという。[31]これらの値下げ運動には、中小商工業者が市民を巻き込む形で進められており、無産政党がそれに連携することも、住民側の主体的参加も弱かったという。

3 京都府

京都府では、一九二八年八月に福知山実業協会が京都電灯に値下げ交渉をしたのが最初のようである。時期的には一九二九年から三二年にかけてが最盛期となる。一九二九年には相楽・綴喜両郡の町村長が東邦電気に、船井郡・南桑田郡の町村が京都電灯にそれぞれ値下げを要求した。

一九三一年二月には三丹電灯電力料金値下同盟会が結成され、商工会連合会等と一体になって値下げ運動が展開された。また翌一九三二年には、京阪電鉄の配電区域で町村を単位とした運動がひろがった。八幡町では町ぐるみの期成同盟会が三割減を要求し、通らない場合は町営にするとしている。八月には綴喜郡と大阪府北河内郡の両郡の町村長会の会合で、町村長が先頭に立って値下げ要求を貫徹すると決議した。九月以降町村で取り組まれるが、その後運動はしりすぼみになったという。町村長や町ぐるみの活動が行われたことが確認できる。(32)

4 北海道

北海道函館市では、一九三一年二月の市議会で電灯料二割、動力料二割五分値下げを函館水電会社に要求することが決議された。一九三三年四月には町内ごとに町民大会が開かれ、電気料値下・市民権益擁護期成同盟会が結成された。電気料不払い、減燈・減燭を進めた。会社側は断線措置をとり、それに対抗して同情消灯運動までが起こった。一九三四年九月には一九三五戸、二万燈が断線して泥沼の様相となるが、三月に至り妥協がなった。(33)

5 新潟県

全国的動向をかいまみることにより、地域社会が主導した値下げ運動の流れを確認できた。一方新潟県は無産政党主導型の値下げ運動が盛り上がった地域のひとつである。その実態を追いつつ、さきの運動と対比して考えることにしよう。

新潟県下では、富山の電気争議に影響されて、一九二八年五月頃から値下げ運動が活発化した。下越では、日本労農党（以下日労党と略す）と北日本農民組合（以下北農と略す）の共同による電気料値下げの大演説会が開かれた。上越でも日労党主催の演説会があった。県警察部は、北農の玉井潤次、蒲原農民組合の鬼木包次郎を検束するなど「極度の弾圧方針に出」たという。(34)

このような状況を見て、無産陣営のなかに統一して電燈料値下げ運動に取り組むべきであるとの声が強まった。

一九二八年一一月八日、日労党・日本農民党・新党準備会（労農党結社禁止後の合法政党準備組織）・革新労働党の四団体によって、新潟県無産政党共同委員会がつくられた。ここで電気料の三割五分値下げと各党支部・各支持団体支部全体にわたって電気料値下期成同盟会を組織することを決定した。一一月二〇日には新潟市演芸場で演説会を開き、新潟県電気値下期成同盟会を正式に発足させた。(35)

その頃上越工業協会等各地の工業資本家も、動力値下げを電力会社に迫っていた。また刈羽郡鯖石村では、「全村が団結をなして五月以来料金不納同盟を敢行」した。(36)工業資本家や地域住民が値下げ運動に加わったことで、急きょ尾崎知事が調停に乗り出した。知事は、運動の激化を未然に防ぐために、新潟水力会社や中央電気会社等に値下げを勧告した。そこで県下二五の電気会社が加盟する越佐電気協会が九月四日に総会を開き、秋の御大典記念事業の一環として、料金値下げを行う旨を決定した。(37)一九二八年の年末までの間に、各社それぞれ一〇燭光につき二銭から五銭位の値下げを公表した。無産政党を含む一連の値下げ運動は一応の成果をあげたことになり、ひとまず活動を停止させた。

不況が深刻化した一九三〇年に入って、無産団体や中小商工業者を中心に再び電燈料値下げ運動への取り組みが活発化した。ただこの年を特色づける変化として、自治組織による値下げ運動が各地で展開されたことが目を引く。

まず無産団体について見ておこう。一九三〇年五月七日、メーデー弾圧への対策を練るために長岡に集まった無産団体各派の幹部は、再度電燈料値下げについて共同で運動することに合意した。六月七日、新潟市演芸場で県下電気料金値下期成同盟会の発会式が行われた。今回の運動は、折からの農業恐慌によって繭価安・米価激落に苦しむ農家を巻き込んで、まず小作組合・農民組合で取り組まれた。和田村では八月一日の島田小作組合総会において、値下げ運動を起こすこと、小作組合員以外にも参加を促すことを決議した。一二日には聴衆四百人を集めて値下げ演説会が開かれ、中央電気への三割値下げ要望書提出などが決議された。鈴木吉次郎村議は村議会に三割値下げの議案を提出し、九月六日の臨時村議会において無修正で可決された(38)。

第二に、中小商工業者の値下げ運動についてみよう。不況が深刻化するなかで、三条・燕の金属製造動力組合や、五泉・加茂・見附等の機業者、新潟市の木材組合等が、電力会社に三割値下げを要求した。

栃尾の機業組合、新潟市の木材組合、石油採掘業者の集まりである蒲原鉱業会、石油製造業者によって組織されている新潟石油業組合などが、動力料の三割値下げを要求した。金属製造を主とする三条と燕の動力組合も一九三〇年六月以降に三割値下げを「強要」した。三条町ではすでに一九二六年末に、たびたびの停電で金属工業に大きな支障をきたし、大々的な陳情運動が行われていた。その当時の総動力は四四二馬力、電灯数は一万八九九七個であった。

第三に、自治体や住民組織が主体となった運動について見よう。三条町や新発田町では、町議会で町営街燈の三割値下げを議決した。新潟電力会社の調査によると、三条町では、はじめは大竹貫一代議士系の町政革正同志会が電灯料値下げを取り上げたがたいした取り組みにはならず、次に借地借家人組合が中心になったがこれも長続きしなかった。結局一ノ木戸門前町の町内会が火をつけ、区長有志による三条町値下連合会の発足となった(39)。なお井栗村や大崎村・見附町・荷頃村等南蒲原郡一帯では、電燈料不納同盟をつくって会社側に対抗した。井栗村では七月三一日に区長会議を開いて三割値下げと不納同盟の設置を決定した(40)。そのほか、新津・五泉・白根・新発田・水原等でも、無産党を中心とする地域の値下期成同盟会の設立が相次いだ。

また街灯料については、同年五月の三条町会で、町営街灯特種契約が満期になった機会をとらえて新潟電力会社に三割値下げを求める決議を行った。会社側が譲歩し、有利な改約がなされたという。下越では新発田町議会が、それをまねて交渉したが、こちらは不成功であった。なお北蒲原郡中条町でも、一九三〇年九月の中条町区長懇談会で、電気料の三割値下げと町費節減を求める決議がなされている。(41)

一九二八年に県の仲介により若干の値下げで収拾を余儀なくされたことに鑑みると、今回の運動では各字の区長・重立を通して不況打開のための町村民大会を開くなど地域社会の値下げ運動として取り組まれることも多く、そのことが新たな値下げを会社側から引き出すことにつながったといえる。ただこれも新潟県では電気会社等による無産団体主導の運動に対する警戒や、他の運動との分断がより系統的になされたこともあり、富山県ほどの地域社会ぐるみの活動にはならなかった。

おわりに

全国的には電気料値下げ運動はどのような推移をたどったのであろうか。

逓信省電気局業務課料金係の調査によれば、電灯料金値下運動件数の推移は、一九二八年（八月〜一二月）が七〇件、二九年が三五件、三〇年が六七件、三一年が三三件、三二年が二五件で、二八年の件数を通年に換算して一〇〇とすると、以後の指数は二一、四〇、二〇、一五とかなり減少している。一九三二年までの統計では富山県の電気争議が起こった一九二八年がピークであったことがわかる。(42)

一九三〇年七月一五日付の東京朝日新聞によると、電気料値下げにつながった件数は一九二八年（七〜一二月）が一二三件、一九二九年が一一一件、一九三〇年（一〜六月）が五七件で、一か月平均で見ると一九二八年が二〇・五件、二九年が九・三件、三〇年が九・五件である。やはり一九二八年の時期がピークであった[43]。日中全面戦争が始まるまで、断続的に値下げ運動は続けられるとはいえ、住民参加による活動が最も盛り上がったのはやはり一九二八年から一九三〇年までであった。

一九二七〜二八年頃の電気料値下げ運動の中心的担い手は中小商工業者や青年層などで、町内会や自治体を拠点とする運動の場合に最も本領を発揮した。これらの運動が一段落して後、主として一九二九年から三一年にかけて、今度は無産政党や農民組合などが中心になった運動が進められる。これらは新潟・富山・石川の三県とも共通の傾向であり、北陸地方に顕著に表れた特徴と見ることが出来る。

地域社会を舞台とした電気料値下げ運動の担い手を、その歴史的性格に沿って整理しておこう。第一の担い手は、中小商工業者層である。彼らは第一次護憲運動期を中心に、日露戦後から第一次大戦後までの大正デモクラシー運動の中心層として活躍したが、その時注がれた営業税などの廃税・減税に向けられたエネルギーが、電気料値下げの活動に継承された。

第二は、無産政党・農民組合・労働組合などである。第一次世界大戦後に相次いで発足したこれらの組織は直接には無産階級の解放や小作料減免等を目的としていたが、民衆生活の向上という趣旨に沿って、不況下の生活権擁護の闘いの一環として電灯料値下げ運動に積極的に関与した。

第三は、地域社会を構成する一般住民である。これまで検討したように、実は電灯料値下げ運動は、第二次大戦以前において地域社会の住民が生活権を守るための諸活動に積極的に関与した希有の事例であるといえよう。もちろん義務教育費国庫負担金問題などを挙げることは出来るが、これは住民組織を巻き込んだ草の根の活動にはなっていない。雪害救済運動などもあったが、これほどの全国的な活動にはなっていない。電気料問題は、日常生活に深く入り込んだ文明のあかりの費用が、不況下の生活苦をかえって加重させているという現実を変えるための一条の光であった。電力料問題は、町村の零細自営業者などによる動力値下げの活動であり、不況下における地域経済打開のための取り組みであった。いずれも巨利を得ているとみなされた電気事業者から値下げを勝ちとることにより、家計や経営を維持・安定させたいとする生活権擁護の問題と考えられた。それだけに、地方自治体の首長や市町村議会も、住民生活を擁護するために生活自治をめぐる優先課題として取り組まざるを得なかったといえる。

注

(1) 奥田修三「昭和恐慌期の市民闘争」(『立命館大学人文科学研究所紀要』一〇号、一九六二年)。
(2) 梅原隆章『一九二八年の電気争議』(顕真学苑、一九五三年)。
(3) 白木沢涼子「昭和初期の電気料金値下げ運動」(『歴史学研究』六六〇号、一九九四年七月)
(4) 「電気事業経営町村調(昭和十二年一月現在)」(『自治公論』一九三七年二月号)六七―六九頁。
(5) 『長野県町村長会報』第三号、一九二二年、二九頁。
(6) 『全国町村長会報』一九三一年一月号、三四頁。
(7) 同前、四三頁。
(8) 三宅正一・星野三省『電気料はいくらが正当か?』(民衆書房、一九二八年)八二―八六頁。
(9) 長尾桃郎『富山電灯争議の真相』(上編、労働問題研究会、一九二八年)一四―一五頁。
(10) 同前、一七頁。
(11) 前掲、『電気料はいくらが正当か?』八五頁。
(12) 松井上吉・斉藤弥一郎「電気争議の真相・上巻」(手書き、一九二八年)三六―三七頁。
(13) 前掲、梅原、一九―二〇頁。

(14) 山田五三氏談話、斉藤弘氏談話、森清次郎氏談話、水野栄次郎氏談話、小泉忠吉氏談話を参照（いずれも一九七三年一〇月に筆者が先方宅で実施）。
(15) 前掲、松井、五四頁。
(16) 同前、七二頁。
(17) 前掲、長尾、一二一―一三頁。
(18) 同前、一三頁。
(19) 前掲、梅原、五九―七一頁。
(20) 同前、二九頁。
(21) 前掲、松井、六三頁。
(22) 前掲、梅原、一七七―一七八頁。
(23) 「北陸タイムズ」一九二八年七月二八日付（以下「北」と省略）。
(24) 「北」一九二八年八月五日付。
(25) 「北陸タイムズ・経済版」一九二八年八月一一日付。
(26) 「北」一九二八年八月一九日付。
(27) 前掲、松井、六三頁。
(28) 「北国新聞」一九二七年一二月一三日付。
(29) 「北国新聞」一九二八年八月二五日付。
(30) 『兵庫県労働運動史』（兵庫県商工労働部、一九六一年）二三四―二四三頁。
(31) 前掲、奥田、五六頁。
(32) 渡辺徹『京都地方労働運動史』（同編纂会、一九五九年）一一五七―一一六六頁。
(33) 石田幸成『室蘭地方労働運動史』（一九六一年）六七三頁。渡辺惣蔵『北海道社会運動史』（レボート社、一九六六年）三二四頁。
(34) 「高田日報」一九二八年八月二九日付。

(35)「新潟県無産政党共同委員会成る」(『新潟県史・資料編一九・近代七』新潟県、一九八三年)四三五頁。
(36)「高田日報」一九二八年九月二日付。
(37)「高田日報」一九二八年九月五日付。
(38)「和田争議」(複製、新潟県立文書館所蔵、「鈴木吉次郎文書」所収)。
(39)新潟電力株式会社「電気料金値下問題概況」一九三〇年一二月五日、一五―一六頁。
(40)「新潟新聞」一九三〇年八月一日付。
(41)『中条町史・通史編』(中条町、二〇〇四年)六五六頁。
(42)逓信省電気局『第二七回電気事業要覧』(一九三五年)二九頁。
(43)「東京朝日新聞」一九三〇年七月一五日付。

第六章　雪害救済の思想と運動

はじめに

日清戦後の一九〇〇年前後には、雪害という言葉が新聞紙上でたびたび用いられるようになった。おもに雪の重みで家屋等が倒壊したときに使われた。一九一〇年代以降の時期には、鉄道の遅延や不通に際して、よりひんぱんに使われるようになる。鉄道が人々の日常生活に密接に関係するようになり、不通等に対してとりわけ不便が感じられたからである。いずれにしても例年の積雪状態とは異なる降雪被害に対して、雪害という言葉が使われるようになった。

雪害救済運動の黎明期においても、事情はほとんど同じであった。住民は未曽有の豪雪を大災害と認識し、救済運動に立ち上がった。だがその後の雪害救済運動の展開のなかで、雪害に対する考え方は転換する。運動は、災害への対処という側面を含みつつも、むしろ積雪地の諸税負担の軽減を求めて展開されるようになった。政府が降雪への対策を怠ったために積雪地の発展が遅れたままになったとする認識が示された。小稿ではその紆余曲折を、次のような視点に立って検討する。

第一に、これまで本格的に検討されていない戦前期の雪害救済の思想と運動を、以上の雪害認識の転換を枠組みとしながら跡づける。

第二に、その担い手である積雪地の住民や諸政党・町村長会・官僚などが、雪害と地域格差是正の問題をどのように認識し、いかに行動したかを検証する。

第三に、生存権の問題として認知された雪害救済が、他方では普選段階への対応を迫られた既成政党や町村長会にとって地域住民との新たな接点をつむぎ出すことになる経緯を探る。

これらを通して雪害救済の思想と運動において、どのような生活自治が目ざされたを検討することになる。なお時期区分としては、第一期を運動の黎明期である一九二七年から三〇年にかけて、第二期を雪国の地租軽減を求める「満州事変」後の三一年から三三年にかけて、第三期を一九三四年の大豪雪以降の時期に設定した。以下の第一節と第二節が第一期に、第三節と第四節が第二期に、第五節と第六節が第三期に、ほぼ対応する。

第一節　黎　明

1　新潟県町村長会総会の決議

一般に雪害救済運動の起点として認められているのは、山形県選出の代議士松岡俊三が雪害救済運動に挺身することを決心した一九二六年一二月である。松岡は、翌二七年三月には地元の小作組合総会に出席し、優先的に雪害救済運動に取り組むべきだと演説した。

だが『新潟県町村会五十年誌』に掲載されている資料によると、その一年半前の一九二五年六月に開かれた新潟県町村長会の第三回総会において、南魚沼郡と中魚沼郡の町村長会から以下のような車税軽減の建議が提出さ

れ、可決されたとある。(1)

　南魚沼郡町村長会提出

　　一、降雪多き地方の車類に税金の差等を設くる様知事に建議の件

　中魚沼郡町村長会提出

　　一、県税雑種税中諸車税賦課に付降雪地と無雪地とは諸車の利用の程度著しく異なるので其の程度により等級を附せられんことを知事に請願の件

ただ当時定期刊行されていた新潟県町村長会の機関誌『自治』に掲載されている同総会記事には、中魚沼郡町村長会が提出し、可決した建議は次のようになっている。(2)

　一、県税雑種税中諸車税の賦課に付等級を附せられんことを知事に請願の件

　　　理由

　　諸車の利用に於て降雪地と無雪地とは其の程度を異にするに対し其課税の同額なるは負担の公平を欠くを以て之れを利用の程度に因り負担せしめむとするにあり

同記事にはさらに、東頸城郡牧村長の宮沢貞二から「冬期間通路道踏みに対する県費補助の緊急建議」が出されたものの、保留扱いになったことが記されている。(3) 後者の記事の方が、詳細に事態を伝えている。それにしても松岡が雪害救済を決意する一年半前に、新潟県下の有数の豪雪地帯の町村長が降雪地の車税の減税を訴えていたことに注目したい。彼らは、豪雪地の住民の不公平感を背負っていた。同じ新潟県でも雪があまり積もらないところでは冬でも諸車が使えるのに対し、自分たちは積雪のため半年近く使えない。にもかかわらず同じ額の税を負担しているのは不平等であると認識した。積雪の程度によって等級を付ければ、使用状況に応じて税を支払

うことが可能になると考えられた。

小作争議が活発化し、大正デモクラシーの思想が地域に広まりつつあるという社会風潮を感得しつつ、住民は積雪量の多少によって生ずる地域的格差を、諸税負担の面で修正することを求め、その願いを町村長に託したといえる。

2　未曾有の大豪雪

新潟では一九二七年二月の大豪雪に直面して、期せずして雪害救済の叫びが高まった。この時の降雪は、福井県から新潟県上越地域にかけてがとくに激しかった。「昭和二年の大雪は八〇歳の古老も初めて見ると云ひ或いは二百年来、有史以来、いや未曾有だと見て来た様な口吻の者がある」と書き出したのは、高田市の高橋義鶯が著した『昭和二年大雪譜』である。(4) この大豪雪への対応のなかで、雪害認識のとらえなおしが行われることになる。その経緯をたどろう。

一月二〇日から本格化した降雪は月末には小やみになった。北陸線の筒石と名立の間で二六日、二七日、二月一日、二日と断続的に雪崩が起こり、鉄道が止まってしまった。糸魚川駅では貨物列車が動かず、二月一日には八百トンの滞貨が出た。高田日報は「糸魚川付近の雪害」と題して、このことを報道した。まず鉄道の遅滞を表現する言葉として雪害が新聞に登場した。

次いで二月二日付の高田日報に「雪害に注意　直江津署から」という記事が載る。直江津警察署が管内の町村に雪害予防の注意書を配布し、道・橋の排雪の励行、屋根雪の排除、火災予防に努め、非常時に対処せよと伝えた。これが一九二七年の大豪雪に際して公の機関が雪害の用語を用いた最初である。この場合は家屋の倒壊を含めた雪の害全般を指している。以後七日には西頸城郡能生警察署が、九日には東頸城郡高田警察署が、一〇日には西蒲原郡巻警察署がそれぞれ「雪害防止の警告」を出した。すでに一九二〇年代には警察署が、町内会等を通して道路の除雪などを指揮するようになっていた。(5) 突然の降雪に対処するために、警察署が職務を執行する際に雪害という言葉が使われた。

六日から一一日にかけて、それまでの降雪をはるかに上回る大雪となった。県下で最大部数を発行している北越新報のその間のタイトルを追うと、一〇日付「猛烈な大風雪に襲はれ上野新潟間殆ど不通」、「惨憺たる雪地獄を現出」、一一日付「巾数十間の大頽雪　西頸名立の悲惨事」「高田危機に瀕す　市内の積雪二丈余に達す　之れ以上降れば市街全滅」、一二日「全く酸鼻の極!!　漸く死体十個を掘出す　刈羽野田の悲惨事」と続く。雪崩は、西頸城郡の名立に続いて、能生谷・上早川にも発生し、中頸城郡後谷では授業中の小学校を襲った。

地域社会はこれらの雪害を、洪水や地震と同様の大災害として受けとめた。一一日付の高田日報のトップには「市当局の決断を望む　速かに除雪の大方針を樹立せよ」と題する社説がのった。数百年来の惨害に直面しており、「今日の高田市は正に大震災に臨む東京市民にも比すべ」きもので、市当局・警察当局は奮起して根本的方針を立てるべきであると督励した。

各方面で豪雪への対応策が練られた。その第一は、県当局である。県保安課は一〇日に雪害に万全の策をとるよう緊急通牒を発した。(6) 同日関根県社会課長は救済策として、赤十字社の救護班、県罹災救護会、中野財団による活動を検討中であると語った。(7) 原田県内務部長は一三日に直江津から徒歩で高田に入り、鉄道の開通に全力をあげるため陸軍省に軍隊の正式出動を依頼し、鉄道開通後は必要に応じて柏崎以東の軍人分会や青年団の応援を求める必要があると語った。(8) 県当局は、これらの雪害を大災害としてとらえ、それに応じた対策に取り組んだ。

県社会課の管轄する社会事業協会が窓口となって雪害義捐金募集のキャンペーンが実施された。また桐生県社会主事の指揮の下に一六日以降下越・中越の青年団員が雪害救援にあたった。

対応の第二は、県下の各新聞社による雪害義捐金募集の訴えである。二月一六日付各紙に、新潟新聞社・新潟毎日新聞社・県社会事業協会の三者による義捐金募集と、長岡市の北越新報社による募集が掲載された。前者は県当局と新潟市の新聞社による募集である。後者は募集の趣旨として中越の刈羽郡野田村の大雪崩の惨事にふれており、中越の最大の新聞社として独自の立場に立っての義捐金募集である。その後上越の高田新聞社や高田日報社などが加わり、やがて県下の一二新聞社と県社会事業協会による合同の雪害義捐金募集の活動に一本化された。募金額は三月三一日までに七二九九円八五銭に達した(9)。

第三は、天皇による下問と慰問金の下賜である。一四日の各紙は、天皇が安達内務大臣を呼んで北陸の雪害状況を報告させたことを報じた。同様に二〇日付の新聞で、新潟県に一二〇〇円、福井県に七〇〇円、富山県に五〇〇円の救恤賜金が送られることが伝えられた。今回の雪害が地震等と同様の大災害であると認知されるという効果を生んだ。他方天皇のもとに国民の平等を唱える一君万民論を心理的に支える間接的役割を見いだすことが出来る。

第四は、政党の動きである。政権政党である憲政会はすばやく北陸雪害慰問の代表団を送った。一七日に東京を出発した憲政会院内総務の河波荒次郎と佐藤実の二人の代議士は、高田市・長岡市・新潟市を廻り、防雪設備の整備などを当局に要求することを約束した。

3　衆議院における雪害論議

そのような一連の取り組みを受けて、新潟県選出の二人の代議士が一九二七年二月の衆議院本会議で、雪害の緊急質問に立った。質問の中心は、今回の雪害が「有史以来未曾有」であるので、現地の惨状を救済するために様々の措置を取ってほしいというものであった。それに対し安達内相代理は答弁で、中央気象台の数字によると「未曾有」ではなく明治二六年に次ぐものであるなどと述べた。加藤知正の再質問は、普通の災害ではなく「特異の災害」であることを政府に認めさせようとすることに焦点をあてていた。災害の程度をめぐる応酬が繰り返された。

これらの質疑によって、衆議院における雪害認識は一歩深まったといえる。第一に、雪害という言葉が衆議院で認知された。第二に、今回の雪害が大災害であることが認められた。まだ雪害一般を災害であるとする考え方はとられていないものの、今回の豪雪は大災害であるから何らかの具体策を取る必要があるとする点で一致した。第三に、その具体策を立てるのは国家であるべきだ、という論点が提起された。加藤知正は今回の災害を「地方の力では到底之を防ぎ得ぬと思ふのでありまするが故に、否が応でも内務省の御力を借らなければならぬ」と主張した。安達内相代理は災害の状況を見てから対応を考えるとした。井上鉄相は、鉄道に限ってではあるが「雪害の最も著しい部分に付きましては、相当の設備を致しますれば、今回の雪害の程度に対しましては、不通とならざるを得るやうな設備は出来得る」と答弁した。(10) 部分的であれ国家が雪害の対応策を実施するという言質が得られた。

4　雪害認識の転換

ひとわたり雪が降りしきった二月一一日付の『大雪譜』には、次のような記述がある。

もう二三日降りしきれば除雪不能となって万事休すだ。棟数多い家や空地少い家は余り重要でない建物を犠牲に供した。雪は或る意味に於いて領収書のない家屋税である。

豪雪のさなかにこのように記した高橋義嵩の実感を、他の多くの人々も抱いたであろう。

そのような実感に支えられて、市費による街路の雪の整理（二月一五日に高田市会協議会で決定）が行われた。雪害補償をいかに進めるかが問われることになった。二月二一日の高田市議会では特別会計として一万九九四円の臨時雪害諸費が認められた。席上石田善佐は、下越の水害には補助があったが今回の雪害に県費もしくは国庫の補助が得られるのかどうかと質問した。川合市長は、国庫は無理だが県とは交渉を進めたいと答弁している。[11]

雪害の復旧費は様々の名目で盛り込まれようとした。道路や橋などの復旧については、四万八四三〇円の国庫補助が見込まれた。[12]倒壊した高田師範学校雨天体操場などの学校施設の改築のため県費の雪害復旧費一万七千円が臨時県参事会に提案された。[13]塚田高田市助役は、国県道の整理費として一万円の補助を得るため県知事以下に陳情した。[14]県当局は、道路の除雪費の補助は前例がないが検討したいと返事した。[15]結局県は高田市内の国県道の「積雪整理」のため二千円を支出し、高田市に交付することになった。除雪のために県費を支出した始めてのケースである。その他、この年に取り組まれた雪害救済をめぐる対応は以下の通りである。

①　果樹の雪害復旧転貸資金の借り入れについて一七万円を申請する案を携えて県内務部長が上京したが、国ではこれまで例がなく全県的なものでもないので認められないとの態度をとった。やむをえず県では産業組合を通じて四六万余円の勧業銀行融資を受けるために斡旋することを調査中である。[16]

② 道路橋梁復旧費が約四万余円認められ、八月に高田土木派遣所により着手された[17]。

③ 六月一日、高田市の政友系組織である高友倶楽部の春季総会で「県営若しくは県費補助による公設大スキー運動場を金谷山に設置せんことを期す」と決議した。その後県社会事業費から支出して設置することになった[18]。五〇〇円が支出された[19]。

④ 高田商工会では一月と二月の豪雪のため営業が出来ず損害をこうむったので、所得税と営業税を減税するよう当局に陳情することになった。高田税務署は、雪害を被ったことは事実であるから「十分考慮」するとのべた[20]。

5 新潟県議会の雪害論議

石田善佐は一九二七年九月の最初の普通選挙による県会議員選挙で、高田市から当選した。すでに政友会の市会議員としてスキー場の設置運動にかかわっていた彼は、一二月の通常県会に二三人の賛成者を得て「雪の調査会設置に関する意見書」を提出した。意見書は可決され、議長名で県知事に送られた。県議会で雪に関する調査会の設置が審議された嚆矢である。調査会設置の趣旨は「一面に於て恐るべき雪害を排除するに努むると共に他面に於て雪を征服し利用するの途をも考案す」ることにあった。「雪害の猛威」を手をこまねいて見ているのではなく、勧業・教育・交通・警察・土木等の諸政策に雪への対策を組み込むことが必要である。他方スキーの普及など雪と共に暮らす雪国固有の文化も考えるべきで「吾等の努力によって雪国天国を現出せんこと必ずしも痴人の夢と嗤ふべからず」と述べた。克雪とともに利雪の提言がなされているのが注目される。

このような利雪の思想は、次の高田市長の認識にも示される。川合高田市長は、二七年豪雪のさなかの三月に柏崎日報の記者に対し「高田でも直江津でも柏崎でも決して其の痩薄な土地柄を悲観するに当たらぬ、要は市民町民の努力次第だ、今の裏日本は神代の表日本だ、歴史は繰り返す、裏日本がいつまでも裏日本と限り定められたものではない」と語った(21)。石田や川合は、これまで全く着手されていない雪害対策の政策化を求めつつ、他方で住民の間に利雪の文化を生み出す意欲が高まることに期待を寄せた。

石田は翌一九二八年一一月二九日の県議会でも、雪について質問している。県営スキー場への補助の継続を求めると共に、回りくどい言い方ながら以下のように雪にかかわる諸税負担の軽減を、県議会では初めて主張した。

雪が降れば自動車も自転車も通れない、交通が杜絶する、半歳は全く営業が出来ない、此使用出来ないが自動車、自転車交通可能の場所と同じ取扱いを受けて居って、税金等に付いては何等差等がない、是等のことは雪国として考ふべきことである、私は自動車の税を月税にせよと云ふ意見を申述べるのではありませぬが、雪国ならば雪国らしい方針を以て交通其他の問題を考へなければならぬと思ひます、此の点も参考と致しまして自動車、自転車の税金を月税にする御意志ありや否やと云ふ点を申上げたい(22)

それに対する県当局の答弁は、自動車税・自転車税は所有者に賦課することになっていて、使用税ではないので月割りには出来ないというものであった。以後この月割り問題が、新潟県における雪害救済運動の一つの争点となっていく。

第二節　雪害をめぐる攻防

1　雪害調査機関設置の建議

一九二九年は、雪害救済運動にとって画期的な年になった。三月の衆議院と貴族院で雪害問題が本格的に論議されたからである。

政友会の松岡俊三・菅原伝、民政党の永井柳太郎・小池仁郎、新党倶楽部の熊谷五右衛門が起草委員になって、三月六日、雪国出身の代議士三〇余人により帝国雪害調査会が発足した。[23] 一道一四県の貴衆両院議員と勅撰議員によって構成される超党派の雪害救済のための議員組織である。さっそく議会に建議案を出すことを決議した。

三月一一日、政友会・民政党・新党倶楽部のそれぞれから、ほぼ同趣旨の「雪害調査機関設置に関する建議案」が提出された。[24] 松岡は、雪害という言葉は一般に理解されやすいから使っていたが、その本意は政治の力によって雪国のような天恵の薄い地域に光を当てるよう求めるところにあると述べた。雪の降らない西南日本と比較して以下の点が不平等であると主張し、国家による政策の実施を求めた。

① 官吏や教員の待遇について雪に関する考慮が払われていないので人材を確保しにくい。[25]

② 分校の設置や防寒具の整備など教育を実施する上で雪国の負担は重いが、義務教育費国庫負担法による分配には全くそのことが考慮されていない。

③ 雪のためトラホーム患者や失明者が多く、幼児の死亡率も高いなど健康上の問題があるが、このような人道上の問題を解決するための国家の施策がない。

④　雪による列車の不通、道路の途絶が多いが、道路法による負担率などに雪害のことが全く配慮されていない。

⑤　一毛作しかできない雪国の地租など租税について、雪国であることの配慮がなされていない。

その後の議会における活動の目標が、ここにはすでに示されている。建議案は二四日に一八人の委員によって審議された。席上田子一民は、同案は緊急を要するので予備金から支出して一九二九年度中に調査会を設置するよう付帯決議をつけて政府に建議することを提案した。結局原案にそれを付して二五日の本会議に報告し、異議なく可決された。

2　義務教育費国庫負担法の条文に雪害を盛り込む

しかしさきの建議が求めた調査会は、すぐに設置される見込みが立たなかった。そこで翌一九三〇年には矛先を実質的な成果、つまり義務教育費国庫負担金を交付する際に、雪害地については特別に配慮するよう政府に求める方向に舵がとられた。

四月三〇日の衆議院請願委員第二分科会では、松岡俊三の郷里である山形県北村山郡楯岡町長高宮喜之助外五五二〇人から提出された「雪害確認、義務教育費国庫負担金の配分其の他施設に関する件」と「雪害確認の件」が議題となった。山形県選出の代議士高橋熊次郎は、雪国では無雪地に比べて生活万般の負担が多いのにいっこうに配慮されていない、義務教育費の交付金について雪害分の特別枠を検討して欲しいと訴えた。政府委員の大麻は、一九二九年度から義務教育費の国庫交付金決定標準のなかに、雪による被害の著しい町村に対して交付金を増加する旨を加えたので、地方長官の報告によって特別町村と認められれば交付金を増やすことが出来るようになった、と答えた(26)。

続いて五月一日、衆議院の市町村義務教育費国庫負担法中改正法律案委員会において、新潟県上越選出の代議士である武田徳三郎が、条文のなかに雪害の文言を加えるよう求めた。つまり「義務教育費国庫負担法の施行に関する件」の第七条三項には、「第四条の規定に依る市町村中震火災、風水害、旱害、凍害其の他特別の事情ありと認むるものに対しては前項第三号の規定に拘らず臨時国庫支出金を交付することを得」となっているが、この災害を列挙した部分に、雪害の文言を加えて欲しいとするものであった。

田中隆三文相は、すでに準拠規定である特別町村認定規定が改正されて「旱害、凍害、又は雪害等」という文言がはっきり挿入されており、改めて条文を改正しなくても条文中の「特別の事情」に対応する内容のものとして運用できる、と答弁した(27)。この改正は答弁のなかで救済運動関係者が初めて知った事実であり、官僚側が先行的に挿入していたのである。こうして義務教育国庫負担金については、事実上雪害への財政的配慮がなされることになった。

3　松岡俊三と町村長会

松岡俊三は、一九二九年三月の衆議院本会議で雪害調査機関設置を求める建議が採択されてから、その実現のために何らかの政治的影響力を発揮する必要を認めた。そこで着目されたのが、山形県下の町村長会の組織であった。彼は、町村長会に働きかけた。

四月九・一〇日、山形県最上郡町村長会と北村山郡町村長会臨時総会は、雪害調査機関設置に関する陳情書を提出することを決議した(28)。一三日に開かれた山形県町村長会の役員会では、松岡から説明を受けた上で、各郡ごとに町村長連名の雪害救済に関する陳情書を首相と関係大臣に提出することにした(29)。

五月に開かれた北信五県連合町村長会と東北六県連合町村長会では、松岡の出席の下で雪害調査機関設置について当局に要望することが決議された。五月二五日開催の新潟県町村長会では、松岡から「同氏の調査に依る雪害に関する詳細なる統計並に之が対策に就き一場の講演を請ふこととなり、同氏は多年調査の惨害状況及之に処する方法を氏独特の熱弁に依り縦横に説明し満場急霰の如き拍手と共に之に共鳴し約四十分に亘りに《（ママ）》演了」したという(30)。新潟県町村長会も、満場一致で雪害調査機関設置の要望を当局に提出することになった。

新潟県町村長会の会長である香川錬弥は、三週間後の五月一六日の夜行に乗って上京した。東北六県と北信五県の決議を受けた全国町村長会長が、雪害救済問題について協議するため一一県の町村長会の会長を召集したからである。一七日には四谷三光町にある全国町村長会事務所に出向いて松岡俊三から意見を聞き、速やかに雪害救済策を立案するよう関係各大臣に陳情することになった(31)。

その夜松岡の招待で、帝国ホテルで雪害救済問題懇談会が開かれた。香川はその様子を、以下のように日記に記している。

> 晩餐会　松岡代議士の招待にて午後七時半より帝国ホテルに於て今回の会合に出席せる関係各県町村長会長竝に地方長官会議に上京中の関係各県知事北海道長官と共に懇談会を開く、席上意見を交換し松岡代議士の挨拶あり、政友会幹事長森恪氏も出席意見を述へたり、加旁福島県知事の意見政友会に媚ひるが如き態度噴飯に堪へたり(32)

政党の党利に利用される気配を察し、反発している様子がうかがわれる。翌一八日、各省への陳情が行われた。内務省では潮次官、文部省では菊池学部課長、大蔵省では黒田次官、大臣官邸では江口秘書官に面会し、それぞれ雪害救済問題について陳情した。雪害問題をめぐって町村長会から直接各省に陳情がなされた。

七月二二日から全国町村長会の政務調査会が開かれ、ここで雪害救済問題の取り扱いが検討された。町村財政の窮迫を救うために義務教育費国庫負担金の増額（三年前に七五〇〇万円になったが、もう三〇〇〇万円増やすべき）を要求することになったが、これに雪害救済の趣旨を盛り込もうとした(33)。まとめられた案には雪害という言葉が直接出てこないが、「義務教育費国庫負担金交付方法改正に関する件」のなかに、「負担金交付方法に付ては現行規定は町村財政の実際に適合せず不公平の結果を見ること尠からさるか故に適当の改正を加ふるを要す」と記されている(34)。この全国町村長会評議員会の決定を受けとめるなかで、一〇月には山形県町村長会が、その趣旨を帝国議会に請願することを決議した。先に見たように松岡等はその年暮れに始まった通常国会に、義務教育費国庫負担金の配分にあたって雪害地を配慮して欲しいという請願を提出した。松岡らの議会活動は、町村長会の活動を背景とし、それと連動していた。

4　雪害の認定

一九三一年の議会に向けて取り組まれた運動は、雪害の文言を準拠規定ではなく義務教育費国庫負担法そのものに入れようとするものであった。勅令に盛り込むことで社会的認知度を高めることを求めたのである。青森県の酒造業者である鳴海文四郎らは、同年一月、北海道・東北・北陸の各地に呼びかけて署名運動を進めた。四万人の署名を得て、二月一八日の衆議院、三月三日の貴族院に請願の採択を求めた。三月三日の貴族院請願委員第二分科会は、請願の趣旨をめぐって二時間半の論議がなされた。

清岡長言子爵は雪害の文言を「義務教育費国庫負担法の施行に関する件」（勅令）そのものに挿入したいとす

る請願の趣旨説明に立った。しかし野村政府委員（文部政務次官）からは、請願の内容は実際に前年度から実行されている、訓令が勅令になっても金額が増えるわけではないので意味がないのでは、と応じた。清岡は、雪害にも適用されているのならそれでいいと、この場は引き下がった。

事態が動いたのは、五・一五事件によって倒れた犬養政友会内閣に代わって、斎藤実内閣が登場してからである。斎藤内閣の拓務大臣に就任した石川県選出の民政党代議士永井柳太郎が、その根回しにあたった。永井は、一九二九年の帝国雪害調査会の起草委員であり、雪害建議案を最初に提出した際のメンバーであった。彼は就任早々の七月一九日の閣議で、政府内に雪害対策調査会を設置するよう提案し、閣僚の賛成を得た。(35) また八月一三日には農林省が、雪害地の救済と冬季副業の奨励指導のための特殊な施設の予算を臨時議会に計上した。一気に追い風が吹いた。

八月二七日に衆議院本会議で質問に立った松岡に、運動の一定の果実が用意された。松岡は勅令に雪害の二字を入れよと叫び、市町村義務教育費国庫負担法が雪国の困難を配慮して公平に適用されるかと問うた。鳩山文相はこれに答えて、義務教育費国庫補助の勅令を改正して雪害を加えたい、該当する特別町村数を一七〇〇町村増やして七九〇〇町村としたい、東北六県の全部の町村を特別町村として扱いたい、と述べた。また斎藤首相は、雪害の調査委員会を設け、調査を進めて必要な政策を実施したいと答弁した。(36) こうして東北については、この問題の政治的解決を見たのである。

第三節　雪国の地租軽減を求める

1　地租軽減論の登場

さきの一九三一年三月の貴族院請願委員会の議論では、雪害の文言の挿入をめぐって成果はあがらなかったものの、実は続く第二ラウンドの議論があった。篠原英太郎政府委員（事務次官）が立って、文部省がこの条項について雪害と認めるのは「偶発的、突発的の問題に付てのみ其事情を、其他の災難と同様に見るべきものである」、つまり災害と認めたもののみであると発言した。北海道や東北で毎年降る雪については、義務教育費国庫負担に直接かかわる問題ではないので、ここでは考慮されていないという趣旨であった。

清岡長言はそれに対し、「雪害と云ふものは常にあるのでございます」と反発した。野村政府委員も、建議案の趣旨は「同じ日本人でありながら斯う云ふ特別の雪害の為に不幸な立場に居る人を幾分なりとも救助するのが当然」であるとする考え方に立っているのだから、雪があること自体を雪害と捉えるべきである、と述べた。

この時井田磐楠が立って突然地価の問題を持ち出した。雪害があるから不公平というが、雪国は地価が低いので南国に比べると地租も安いのではないか、と。井田は、だから通常の雪害の問題は考慮しなくていいのではないかと述べたかったようであるが、この質問によって議論は意外な方向に展開する。政府委員の池田秀雄は、地租改正の時に当時の勢力関係もあって東北・北陸の地価が相当高く見積もられたのではないかと述べた。通常の雪害が租税の上で考慮されていないかも知れないことを知って、井田は義務教育費国庫負担関係の法律に雪害の文言を入れるのでは請願者の意図が達成されず、むしろ地価と地租そのものの問題として検討すべきだと論じた。

この意見に政府委員の野村嘉六も、子爵三室戸敬光も賛成した。篠原英太郎政府委員もついにそれに賛同し、「是は寧ろさう云ふ不都合な状態に在る地価と云ふものが事実であると云ふならば寧ろ大蔵省の方の関係に於て地価の修正を致すべき問題のやうに考へます」と述べた(37)。

2　地租軽減の署名運動

このような貴族院での討議を受けてであろう、貴族院請願委員長の清岡を招いて一九三一年四月に山形市で開かれた山形県正道会の総会では、地租改正及び各種国庫補助率改正の運動を進めることが決議された(38)。正道会は一二月から一道一一県の市町村役場を通してそのための請願署名運動を展開する(39)。

松岡は三五万人分の署名を携えて衆議院本会議に登壇し、「雪国日本の根本対策に関する建議」をめぐる趣旨説明を一時間半にわたって行った。一九三二年六月七日の、運動のハイライトとなる演説である。松岡の雪害救済運動への発念に始まり、運動の盛り上がりにもかかわらず政府が一向に政策として取り上げてくれないこと、雪国が生産額・租税・教育などにおいて多くの困難を強いられ、出稼ぎや娼妓の移出によって生活を維持せざるを得ないこと、政治は平等を実現しなければならないのに悪平等・差別がそのままになっていること、このままでは「罪政府に在り、雪国の人々の間に如何なる事があっても、最早吾等は責任を執らぬと云ふやうな具合に為らざるを得ないことを思ふ」と述べて、地租を軽減し、道路法や土木災害補助規定を改正し、雪害調査機関を創設し、雪国に関わる国立副業研究所を設置するなど雪害救済のための根本的な政策を実施するよう求めた(40)。

3　地租軽減の言論戦

第六四議会の会期中の一九三三年二月一八日に東北・北海道の全代議士による議員立法として提出されたのが地租法中改正法律案である。通常の地租が三・八％のところを東北六県と北海道については二・六％にするという内容であった。なお同時に沖縄県と鹿児島県の議員から、沖縄県と鹿児島県大島郡についても二・六％にするという法律案が提出された。

松岡俊三の趣旨説明は、次の通りである。東北六県の田畑の売買価格は二七八円、沖縄と北海道をのぞいた他の三九府県の平均は四一八円であるが、現在の賃貸価格を後者と同じ割合にすると東北が一三円四一銭であるべきなのに実際には一四円五九銭と一円一七銭あまり高く設定されている。他の三九府県並みにそろえるためには、東北の地租額を減額することが妥当である。東北と北海道は一毛作地帯であり、雪のため七、八か月しか働けず、凶作も多い。にもかかわらず地租改正以来このような不公平な税率が課されてきたのであるから、是非この法律案を通して欲しい。なお沖縄と北海道の田畑売買価格は三一二円で、これは東北よりもさらに不利に設定されていることに留意すべきである、と(41)。

同案は政友会・民政党・国民同盟の共同提案の形になったこともあり、衆議院では満場一致で可決された。しかし貴族院に回ると、会期末の三月一〇日に開かれた特別委員会における審議時間はわずか二五分しかなく、簡単に審議未了となった。

一九三四年は、二七年に続く大豪雪となった。被害の範囲と規模は、三四年の方がはるかに広く深刻であり、大凶作がそれに続いた。東北農民は各地で県民大会等を開いて、「窮乏の農民を見殺しにするな」と呼号した。このような状況なかで、地租軽減法案が再度上程された。松岡は前年貴族院において伯爵児玉秀雄が東北六県の差別的待遇や冬季の気候上の問題を認める発言をしたにもかかわらず審議未了となったことを批判し、政府案なら追随する貴族院が同法案を通さないのは大きな問題だと述べた。福島県選出の代議士林兵馬は東北の食糧事情について「恐らく東北以外の農村では豚でさへも食べることが出来ないであらうと思ふやうな粗食」であると窮状を訴えつつ、しかし同情を買うことで法案を通したいということではなく、現在の地租の基準そのものが誤っているからそれを公平にして欲しいといっているに過ぎないと主張した。

なお今回は北陸からも同様の案が提出された。説明に立った福井県選出の代議士熊谷五右衛門は、雪害を被ることから見ると、東北と福井・石川・富山・新潟・長野の各県はほとんど同様である、「表日本と比べると、裏日本に居る者は実に哀れなことになって居る」のであるから同情を以て法案を通過させて欲しいと訴えた。

一方鹿児島県大島郡と沖縄県については、鹿児島県選出の代議士金井正夫が立った。これらの地域には内部を貫通する道路に見るべきものがない。鉄道は沖縄に県営鉄道があるのみである。政府は沖縄の振興計画を立てたが計上された予算はごく僅少で目的を達するにはほど遠く、地租率を軽減することが適切である、と述べた。[42] 法案は今回も衆議院では熱心な討議の末満場一致で通過したものの、またまた貴族院の壁に阻まれ、審議未了となった。

ここで明らかになっていたのは、雪害救助や地租減税は同情や憐みから恩恵的に与えられるものではなく、当然の生活権として得られるものだという点である。松岡はその点を、一九三四年末に始まった第六六議会に政府が提出した「凶作地に対する政府所有米穀の臨時交付に関する法律案」への賛成演説において、これまで東北にきちんと施設を整備していたら、今日のような凶作はある程度は防げたのであり、それをやらなかった責任が政府にあるはずだ、とその責任を追及した。[43]

第四節　雪害対策調査会から東北振興調査会へ

1　雪害対策調査会の設置

一九三二年八月二二日に雪害対策調査会の設置が閣議で正式に決定された。その六日前に沖縄県振興計画調査会が設置されている。衆議院本会議における予算委員会委員長のとりまとめにある「雪害地、窮迫島嶼、山国、其の他貧弱町村に対して、全額の補助を與へると云ふことを政府に於て明言された」という発言から、雪害地を沖縄と同様の振興対象として位置づけていたことがわかる。

九月に入り、雪害調査会の予算を予備金から支出することが決まり、委員三七人、幹事一一人が正式に任命された。調査会は翌一九三三年一月に長野・新潟・山形・秋田・岩手・青森・福島各県の雪害地の実地調査を行うなど精力的な調査と審議を実施した。答申が岡田首相に提出されたのは一九三六年二月一九日で、二一日には「雪害対策」が正式決定された(44)。

答申は雪害地の範囲について、対策の種類によって対象地域が異なるので、各対策ごとに範囲を定めるのが適当であると述べた上で、産業や教育などの種類別に方針を列挙している。雪害に対する総合的な政策をまとめた初めてのものとして位置づけることが出来る。

ただそれまで雪害救済運動で提起された諸問題や、議会で追及された論点が網羅されたものの、どのように実施していくかについての段取りは検討されなかった。

2　東北振興調査会の設置

その間遅々として進まない雪害対策に動きが見られたのは、一九三四年一月以降の大豪雪とそれに続く大凶作を経た後であった。農業恐慌による打撃から立ち直れない状況に追い打ちをかけるように、五月まで消え残った雪が田植えの時期を狂わせ、未曾有の不作をもたらした。人々の努力では苦境を打開できず、最後の手段である娘の身売りがメディアを通して伝えられた。

このような地域住民の生存権を脅かす窮状を背景として、東北出身の衆議院議員全員と貴族院議員によって東北振興同盟が結成され、岡田首相に「東北振興調査会に要する予算案を来るべき臨時議会に提出すべし」との決議が提示された。政友会は機関雑誌『政友』一一月号に「東北を救へ、東北を興せ」と題した特集を組み、五人の論者を立てて東北振興を唱えた。そのうち松岡俊三が執筆した「東北の大凶作」は、岡田首相が東北大凶作の視察に行かないことに怒り、「総理は東北六県民を棄民扱になさるのですか」と問うた。そして雪害に起因する恒常的な凶作への抜本的な対策を求めて一九三二年一月一日に元老西園寺等に送った「雪害第二建白書」の全文をここに掲載した。

岩手県選出の二人の代議士が執筆した以下の二編が注目を引く。田子一民は「陥没東北の政治的振興」において、恩恵ではなく当然の要求として東北の振興が果たされなければならないと述べた。「顧みれば、日清、日露、世界戦争、満州事変等によつて多くの繁栄をかち得たものは商、工業であつて、農林業は却りて不利なる状態であつたといつても誣言ではない」のであり、商工業の発展のあおりを最も受けたのは、雪の影響で一毛作を余儀なくされている東北六県であった。東北農村では地主も小作農も負債問題を通りこして生存問題に突きあたっているのであり、速やかに東北振興調査会をつくって国家の当然の責任として東北の陥没を防いで欲しいと求めた[45]。

他方小野寺章も「東北振興同盟の創立と東北振興の基本大綱」において、なぜ東北は疲弊したかを問う。人為的原因は維新以来、全国画一の政治を行ひ、生産力極めて低き東北地方に対し、中国九州の諸県と同率の地租を賦課し、其他公共の施設経営の義務は何等の差別なく地方に負担を強ひたるに拘らず、経済上の国家的施設は鉄道、港湾、河川、道路、橋梁を始め甚敷く閑却し、又官設工場の如き関東以西には所在に之を見るも東北には一も之を設けず、一面政府が同地方の莫大なる国有林により年々数百万円の利益を得ながら、其廣袤に応じて当然生ずべき道路費の如きは之を地方自治体に負担せしめて省みざる等偏頗なる行政其ものである。

したがって今後一〇年から一五年をかけて少なくとも一〇億円を支出して、運輸交通機関を充実させ、農林業に関する研究と指導実行の機関を組織的につくり、既存工業を拡張して新たな工業をおこし、治水事業を促進し、軍需工場を新設すべきである。これまでの六〇年間に東北地方が被った経済上の損害は一〇億円以上であり、東北の今日の疲弊はこのような政策によってもたらされたものである。他の地方は東北の犠牲の上に今日の発達を遂げたといっても過言ではないとした。今日東北がすでに自立の能力を失ってしまった以上、その振興のために国費を支出するのは、「過去の犠牲に対する当然の権利」であると主張した。(46)

東北の大凶作の深刻さと、それが社会や国家に与えるであろう影響に加え、このような生活権の観点に立って展開された東北振興同盟の活動もあって、政府内に東北振興調査会がつくられることになった。一九三五年一月八日には第一回の東北振興調査会の幹事会が開かれているが、席上安井幹事（内務省）は雪害対策調査会との関係についてふれ、国会では雪害調査会の審議待ちということになっているので、東北振興調査会も諮問等をまとめるというより、「東北の特異性に応じた方策を適宜順次やる方がよかろう」と発言した。石渡幹事（大蔵省）

は、減税などの負担軽減を実施するのは相当困難なので、産業方面を重点にしたらどうかと述べた。(47)

一月一〇日の第一回総会以降の審議のなかで、例えば松岡俊三は、官吏・教員の待遇をよくして人物を得るべきだとか、東北の粗末な家に対して都会地と同様の家屋税を課すのは不公平であり、財政調整交付金も東北に何らかの考慮が必要ではないかと質問している。(48)

一九三六年七月八日の第九回総会で可決された東北振興第一期総合計画答申は、計画を広義国防という国家政策に沿うものであると意義づけつつ、三七年から四二年までの五か年計画に三億円を支出するとしている。その具体策は、道路の新設と改修、港湾の修築など、従来の地方的要求を並べたものとなった。その後、東北の殖産興業をめざして特殊会社を組織し、資源の開発と経済の振興をはかるための東北興業株式会社法と、そのための基盤となるエネルギー供給のための東北振興電力株式会社法が制定された。三六年一〇月、両会社はそれぞれ資本金三千万円で発足した。

第五節　せめて東北なみに

1　新潟県雪害対策連盟の結成

新潟県でも、一九三四年の大豪雪にともなって新たな取り組みが進められた。二七年のそれが新潟県上越地域から西の北陸方面を中心としていたのに対し、今回の雪害の規模はさらに広い範囲に及んでいた。政府内に東北振興調査会が設置され、東北六県に限っての地域振興政策が立案・実施されたが、しかしこの時の大雪害と大凶作の程度は東北と北陸に質的な差はなかったから、北陸ではこのような政府の東北に限った救済措置に不満を募らせることになった。それを両者の政治力の差であると認識し、「日本一の多雪地帯」を抱える新潟県を中心として救済運動が進められることになった。

新潟県当局は、一九二七年の時と同様、被害の状況に応じて対策を練った。大雪害後の大凶作を予測し、まず融雪期の四月に農林省と雪害調査会に救済を求める電報を打った。五月に入り千葉知事は、内務・大蔵・農林各省に出向いて救済策の必要性を訴えた。(49) 被害のひろがりから見て新潟県単独では説得力が弱いと判断されるようになり、北陸四県による陳情に切り替えられた。

五月二五日、新潟県庁に北陸四県（新潟・富山・石川・福井）の農林課長等が参集して、北陸四県雪害対策連合協議会が開かれた。四県一致して造林・頽雪防止施設、林道復旧、災害林地復旧、災害耕地復旧、桑園改植などに国庫補助と低利資金の融通を求めることになり、三〇日に各県の内務部長と関係各課長が大挙上京して各省に陳情した。(50)

今回も官僚側がまず対応策を練ったのであるが、一九二七年の時と異なるのはこの時点で県下の政党支部や町村会も積極的な救済運動に乗り出したことである。社会組織を動員した雪害救済運動が展開される年となった。県議会では、五月一九日に中蒲原郡選出の民政党県議である高岡忠弘が立って、四、五十年来の豪雪後の凶作対策として桑樹の胴枯病対策、果樹・花卉などの被害復旧対策や低利資金融通を求めると共に、家屋税や自動車・自転車・荷車などの雑種税減税の措置をとるよう求めた。中魚沼郡選出の山内内蔵輔も、豪雪地帯では除雪費や雪囲い費、雪消し費など多額の費用がかかっているので、家屋税の軽減を行うべきであり、本年のような豪雪時には特別免除を行うべきであると主張した。知事は、行政側も陳情するなどして努力していると答弁したが、議員側はそれでおさまらなかった。

五月二二日の県議会には、千葉県知事宛の「雪害復興に関する意見書」と首相・内相・蔵相・農相宛の「意見書」が全会一致の賛成を得て提出された。知事宛の意見書は、前回の知事の答弁に不満をつのらせ、改めて高岡の質問要旨を箇条書きにしていた。首相への意見書は、県下の農山村では雪害によって生産を中断されて生活にあえぎつつあるので、現行の法規を越えて援助するよう訴えていた。刈羽郡選出の政友会県議山岸政治は、かつては雪が降っても当然の如くにあきらめていたが、「世の進運に伴ひまして、又生活の均衡を得る、利害の均衡を得るが為に、吾々雪害地の雪害を被って居る、関係を持って居る者は、どうしても大なる叫びをなしまして、さうして負担の均衡、利益の均等に努めなければならぬのであります」と述べて、平等な施策を求めた。他方今回の大豪雪は、関東大震災、函館市の大火災に次ぐ大災害なので、それなりの方策をとってもらわないと生活が立ちゆかない、と主張した(51)。

このように新潟県会でも今回の雪害を住民の生活権の観点からとらえなおし、減税等を含む抜本的な対策を求めたのであるが、それは同時に地域格差の是正要求としても認識された。

2　新潟県町村長会の陳情活動

さらに強力な運動を展開したのは新潟県下の町村長会であった。中越地方の長岡市他八郡町村長会では恒久的対策の法的措置等を求めて新潟県雪害対策連盟会をつくることとし、県町村長会にもちかけることになった。六月六日、新潟県町村長会の評議員会が開かれたが、席上桜井庄平北魚沼郡町村長会長が立って、従来のような文書による陳情だけでなく、雪害対策連盟のような運動団体をつくって市町村が一丸となって陳情すべきであると述べた。連盟の事務所を長岡市役所内に置き、県町村長会と県内四市四百町村が参加する形で進めようと提言した。連盟案は翌七日に開かれた町村長会総会で満場一致で可決された。改めて県内の各市長と各郡の町村長会長を集めて七月三日に会合がもたれ、結局新潟県雪害対策連盟会という名称で発足することになった。事務所も新潟県庁内に置かれ、全県を網羅する運動組織となった。

千葉知事以下は、凶作の第一回の予想報告の出た一〇月上旬に上京して政府に救済策を求めた。またその後石川内務部長と県会議員も別に陳情したのであるが、東北六県に比べるとまだましだという返事で、所期の成果を上げることが出来なかった。そこで雪害対策連盟会では一〇月一六日に小野周平新潟県町村長会長以下が大挙上京し、陳情した。陳情には各郡の町村長会長一六人、市長四人、県会議員三人とともに、会の顧問である新潟県選出の代議士一〇人、県土木部長・内務部長なども加わっており、ここで市町村長・政党・官僚の連合陳情が組まれた。(52)

一行が陳情した相手を面会順に見ると、津島寿一大蔵次官・三辺長治文部次官・松田源治文相・安井英二内務省地方局長・広瀬久忠土木局長・丹羽七郎内務次官・山崎達之輔農相・福田耕首相秘書官・藤井真信蔵相である。持参した陳情書は二通ある。第一の「雪害対策の実施に関し陳情」では、「積雪地方に対し徹底的の対策を樹立せられす他地方と一律の下に置かるる結果積雪地方か漸次萎靡の状態に陥るへきは言を俟さる処にして現在東北、北陸地方住民の経済並に文化生活程度の低きは主として之に原因するものと存せられ候」と述べて、雪害対策が地域格差是正のための方策であることを力説した。また「市町村義務教育費国庫負担法に関する陳情」では、北海道東北六県の全市町村が雪害地帯であることを理由として特別市町村に指定されて臨時補助金を交付されているのに、同様の被害を被っている新潟県が指定されないのは全く遺憾であるとする。東北が全町村指定され新潟県が指定されなかったことは大きな不満で、それを政治力と政治運動の差であると考えられたことが、今回の陳情運動の原動力にもなっていた。

3 新潟県議会の論戦

一九三四年一一月二四日から通常県会が始まった。高岡忠弘は東北六県に比較して新潟県への雪害対策がおざなりになっていると不満をもらし、県予算の救済費二万四六〇円は余りに少額過ぎる、政府払い下げ米を速やかに配給すべきだと訴えた。千葉知事は、新潟県の四百町村全部が東北六県と同様であるとまではいえないが、山間部については東北と同様の冷害地であることを政府も認めたと考えている、と答えた。またこの年から自動車のみについて車税の冬季間の税金を免ずることになったと伝えた。一九二五年の新潟県町村長会の総会で知事宛の決議が出されて以来の課題が一つ解決した。結局一九三四年には、新たな雪害救済策のために国と県・町村がそれぞれ支出する措置をとることになったのであり、一九二七年の対策を振り返ると、わずか七年を経て大きな前進があったことを知ることが出来る。

翌三五年の通常県会では、雪害関連の農林・水産方面の新規事業として、耐寒性水稲品種と紫雲英の育成、園芸部温室の新設、耐寒性桑苗の配布などが盛り込まれたことが報告されている。このときの議論で注目されるのは、中頸城郡選出の藤縄清治県会議員の発言である。第一に車税について、自動車税が減税できるのなら自転車等も出来るだろう、「法律規則なるものは、元吾々人民の為に出来て居るのであり……人民の総意が之の改廃を希望したならば、其の希望に副ふやうに改廃致すことが、是相当なりと私は思ふ」と述べたことである。第二に、税金一般の考え方として、税金は分に応じて負担するべきであり、一部の人を圧迫する税金は悪税であると指摘した。結局第三に、人民は天皇の下で等しく平等であるべきで、「上越に軽く、或は下越に重く、或は農村、山村に軽く、都会地に重いと云ふやうでは、県民の一部の者が施政を謳歌せざる者があ」ると、「聖明」に反することになるのであった。(53)藤縄は、すべての車税に減税を適用すべきだと主張し、雪による県内の地域格差を是正すべきだと訴えた。

もっともこのような意見に対して安原総務部長は、車税の税額は七〇万円を越える巨額であり、税の徴収のためには受け入れるわけにはいかないと突っぱねた。

第六節　政治力を求めて

1　一九三六年の大豪雪と長岡市

一九三六年一月からの大豪雪は二年前を上回る降雪量となり、再び新潟県下全域に多大な被害をもたらした。被害額は、一九三四年豪雪の五倍ともいわれた。三度目の正直、今度はさらに多様な雪害救済運動が展開されることになった。住民の力を結集してあたらなければ、雪害救済が実現しないと考えられたからであり、他方そのような運動が生活権に根ざしていて、正当性があると認識されたからである。

雪害対策を求める声が、長岡市民の中から澎湃として起こった。各派の市会議員が集まって相談した結果、とにかく期成同盟会をつくることになった。三月八日に公会堂で開かれた市民大会で、長岡市雪害救済期成同盟会が結成された。同会の幹事には、市会議員・伍長連合協会長・実業組合連合会長・工業会長・消防組頭・農会長・在郷軍人会分会長・青年会長などが名前を連ねた。市内の各種団体を網羅した組織であった。同盟会は県下の町村長会や農会などとともに挙県的運動を進めた。県下の実業団体に運動推進のゲキを飛ばし、各界に雪害救済の実現を訴えるなど、様々の取り組みを進めた。

同盟会の宣言は、雪害救済の論理を負担の公平と機会均等に求めた。一朝の降雪のために交通機関が途絶え、農業生産ができず、多大な被害を被っている。無雪地に比べると、勤労所得は少なく、自治体の負担は重い。にもかかわらず、諸税負担は同じである。この不平等を解決できるのは政治であり、速やかに雪害救済の具体的方策をとって欲しい、と訴えた。三月一七日には市長と市会議長によって「雪害救済急速実現に関する陳情」が提出された。

二六日には同盟会から県当局に要望事項が示された。その第一は、積雪地方を特殊地域と認めて、地租を半減し、その他の国税や県税戸数割を三割減とするなど税制面の措置をとることである。第二に、地方財政調整交付金と義務教育費国庫負担金の増額を求めた。第三に、交通・通信・運輸機関の耐雪・防雪・排雪施設を強化することを求めた。

長岡市民の貴衆両院宛の陳情書の署名数は、四月末には一万九〇二七人に達した。同じ頃県下の三七三か村で集められた請願者の数は二万七四九四人であるから、長岡の分はその六九%を占めていた。長岡の運動がいかに市民に根ざしていたかがわかる。運動の流れは、いくつかあった。長岡商工会議所などは、一九〇〇年前後にはじまる廃税運動の経験を踏まえつつ、その正当性を主張した。長岡実業組合連合会は、独自に上京して減税陳情書を関係省に提出した。同盟会の常任幹事で、代議士と市会議員を兼ねる三宅正一は、社会大衆党や全国農民組合新潟県連などを背景としており、かつて闘った電灯料値下げ運動や車税撤廃運動の延長線上にこの運動を位置づけた。彼は、東京の学生にも運動の支援を呼びかけた。毎冬の雪踏みを指揮していた伍長連合協議会は、市民大会の前日に開かれた総会で協力を申し合わせた(54)。

このような長岡の市民をあげての活動に支えられ、運動はやがて挙県的なものにひろがっていく。県議会に雪害対策協議会がつくられ、六月には新潟県雪害調査会が発足した。調査会の第三部委員長には木村長岡市長が就任し、新潟県の市町村に臨時町村財政補給金を増額配当するよう答申した。

2 無産政党

無産政党も三六年の豪雪に際し、素早く救済運動に取り組んだ。社会大衆党と全国農民組合新潟県連本部は、二月二五日に対策と調査を指令した。三月二日には県当局に対し三宅代議士と石田県議を通して、臨時県会の召集と各界の代表者を集めた世論の協力によって救済対策を進めることを要請した(55)。具体的要望事項は、国に対しては、地租の軽減と家屋税・義務教育費軽減のための地方財政調整交付金の増額、雪害調査機関の設立など、県に対しては雪害救済方策の実施、樹木・耕作物・家屋等の救済などであり、これまで雪害救済運動の中で取り組まれてきた課題が列挙されていた。無産政党が遅ればせながら雪害救済運動に乗り出したことで、住民一致の世論形成が容易になった。

五月一一日の衆議院請願委員第一分科会には三宅正一が立ち、「長岡市の雪害救済に関する件」の請願について説明したが、長野県選出の田中邦委員が反論して「川中島の決戦」と新聞に形容される論戦となった。三宅はここで、除雪費を多く支出する地域の家屋税が他地方と同じなのは政治の公平の見地から不合理であり、「裏日本一帯の窮乏の大きな原因」をここに見ることが出来るとした。家屋税や車税の減額は当然で、不足する県税分を地方財政調整交付金などを傾斜配分することによって調整すればいいと、社会大衆党県連の国への要望事項に連動させて説明し、さらに長岡市が先駆的に計画している流雪溝の設置に国が補助するなどにより雪害防止の恒久策をうち立てる必要があるとした。[56]このときの三宅にとって、「裏日本」の窮乏の第一の原因は雪害であった。答弁に立った丹下政府委員は、三宅のいう雪国の不利な立場を認め、従来から十分調査して必要経費がある者はこれを控除する方針をとっていること、雪害で収益皆無であれば地租免除の申請が出来るなど現行法でもだいたい救済措置がとれるので検討したいと述べた。前向きの理解を示したが、政策に反映させるなど実質的な措置にはふれない答弁であった。

3 新潟県雪害対策連盟会

新潟県雪害対策連盟会は、一九三六年三月三〇日の雪害対策連盟会の理事会で陳情方針を決定し、四月には政府に対して、五月には帝国議会に対して、六月には陳情の焦点を絞り義務教育費下渡金特別配当・臨時町村財政国庫補給特別配当・耕地事業費助成金特別交付・植林事業費助成金特別交付の四つについて各方面に陳情した。町村長会・市・商工会議所・農会などが組織ごとに各省庁を分担して廻るなど、連盟会の組織をあげての運動となった。

新潟県議会では超党派の雪害対策協議会が開かれた。雪害の調査会をつくって恒久的な対策を樹立する必要があるとの認識で一致した。雪害調査会は関屋新知事の赴任を待って六月一三日に発足した。委員には衆議院議員四人と県会議員一八人、それに長岡市長・県町村長会長・県農会長・県養蚕業組合連合会長・県耕地協会長・県山林会副会長・在東京新潟県人会代表・高田商工会議所会頭が就任した。県会議員を中心としてはいるが、それぞれの分野の職能団体の代表が加わっている点がそれ以前との違いである。

県の諮問は「雪害の真相を究め其の対策如何」であった。初会合から三か月後の一〇月八日に答申案が可決された。新潟県で初めての総合的な雪害対策であり、以後その趣旨に添った取り組みが継続的に進められることになる。

ただちょうど準戦時体制から日中全面戦争に突入するこの時期には、無産政党などを含む市民的な諸運動は大きく制限されてしまった。そこで行政当局が雪害救済運動の中心的な担い手として前面に立つことになった。

翌三七年の新潟県雪害対策連盟会の運動は、土地賃貸価格逓減運動に絞って展開された。七月に賀屋蔵相と名古屋税務監督局に請願書を手渡し、新潟県こそ雪害日本一であるから賃貸価格の改定に当たって雪害による生産力の低下を十分考慮して欲しいと陳情した。八月三日の衆議院建議委員会には、「雪害地の土地賃貸価格の決定に関する建議案」が提出された。小柳牧衛の趣旨説明に対する中村政府委員の答弁は、実情に即して価格の決定を行いたい、建議の趣旨に十分添うよう「実現の「コース」に向かって進むやう取り計って居る」というあいまいなものであった(57)。

4　北陸四県雪害対策連盟

新潟県は一九三八年三月末に雪害調査会を雪害対策委員会に改組した。新組織には幹事として県の幹部が顔をそろえており、県をあげての活動を印象づけた。ただ、この時点で新潟県単独の運動の限界が認められるようになり、政治力の強化を求めて再び北陸四県合同の陳情活動が模索される。

その結果七月に、北陸四県雪害対策連盟が発足した。四県の雪害対策協議会が新潟市で開かれた折りに設立が決議された。メンバーは四県の貴衆両院議員、県会議長、県を区域とする関係団体長、篤志者であった。新潟県の連盟会をほぼ踏襲しつつ拡大したもので、職能団体を組み込んだ四県による大陳情団の誕生となった。

七月二二日から四県の代表により陳情が始められた。代議士・県会議員と町村長会長・農会長などが連携して各省に日参した。要望事項は雪害対策道路・河川・砂防工事の促進、雪害復旧事業の補助規定を制定して迅速に補助金を交付する、雪害の一般的対策施設を促進する、という三項目に集中していた。一〇月二一日には富山市で連盟の総会が開かれ、続いて一〇月三一日に再び各省への陳情がなされた。

一九四〇年二月には、福井県会議事堂で第四回北陸四県雪害対策協議会が開かれた。この年も豪雪となったため、大会は盛り上がった。席上岡田農林次官は一九三四年からこれまでの国庫助成金の総額は一九一八万円にのぼっていると述べて成果を強調した。大会決議では、なお政府が雪害地方住民の深刻な痛苦を悟っていないことを批判し、速やかな対策の樹立を迫った。また三宅は次のように演説した。

私は一時的の雪害対策より根本的の対策として国道の大改修を政府へ要望すべきであると信じ内務当局へ要望しておいた、天下の五港といはれた新潟市が人口十二万、百万石の金沢市が人口二十万……さっぱり大きくならないではないか、太平洋岸と日本海岸は跛行的になっている、これは雪害があるからでもあるが、道路網計画が不均衡だからである(58)

なお一九四一年二月には、北陸四県雪害対策連盟の総会が長岡市で開かれた。長野県が初参加したので、名称を北信五県雪害対策連盟と改めた。一九四二年一月には、松田長岡市長、佐藤古志郡町村会長らが上京して、食糧増産のために雪害対策が必要だと訴えた。戦時下にも豪雪が続き、陳情が繰り返された。残雪の耕地に散土するための助成金がでることもあったとはいえ、抜本的な対策には程遠かった。

おわりに

雪害救済運動には既成政党人や町村長会の他、行政当局・職能団体・無産政党などが参加して国家政策の変更をせまった。

その最初のきっかけは、未曾有の豪雪によって住民の生存さえ脅かされかねない甚大な被害が生じたことにある。豪雪による被害を、水害などと同様の大災害として認定し、相応の対応を求めて訴えたのが運動の出発点であり、第一の時期である。それはやがて国会を舞台とした義務教育費国庫負担法の適用範囲に雪害を加える運動として展開され、一応の成果をあげた。

その一方で「雪は領収書のない家屋税」であるとの共通の認識が生まれ、ひろがるなかで、新たに生活権の確保を求めた諸税負担の削減運動が取り組まれた。雪国の地租を軽減することを求めた議員立法が提出される第二期がこれにあたる。雪害は国家がその対策を怠ってきたために生じたのであるから、当然国家が対策を講ずるべきであると考えられた。

なお新潟では、早くから車税の軽減などを求める豪雪地の町村長の運動があった。県議会が動いて一部が実施され、県下の豪雪地の地域格差が若干改善された。

一九三四年の豪雪は凶作をともなって東北・北陸を襲ったが、特に被害の著しかった東北には、国家の存立のために住民の生存権を確保しなければならないとする声を背にして東北振興のための諸対策が立法化された。この第三期には、立法措置の対象外に置かれた新潟を含む北陸で、雪害救済の本格的取り組みが進むことになる。

運動の担い手の範囲は広がり、これまで「表日本」中心の発展を主導してきた国家の政策を是正する手段として、救済運動がとらえ直されることにもなった。

ただ日中全面戦争の勃発に伴う戦時体制への移行のなかで、運動の推進主体は行政機関中心の運動に傾斜し、所期の成果を得ることが出来ずに敗戦後を迎えることになる。

このような雪害救済の思想と運動の展開のなかで、住民はそれまで抱いていた雪に対する考え方をとらえ直し、生存権に関する緊急に解決されるべき課題として意識するようになった。雪害認識が深まることにより、雪国住民の生存権擁護が、公空間で競われる生活自治の目標となったのである。

注

(1) 新潟県町村会『新潟県町村会五十年誌』一九七二年、一四一頁。なお雪害救済についての通史的叙述である新宮璋一「雪害とその対策」(『新潟県史・近代通史編三』一九八八年所収)を参照。
(2) 新潟県町村長会『自治』第二巻八号、一九二五年、一三一頁。
(3) 同前、一二八頁。
(4) 高橋義鴬『昭和二年大雪譜』高田新聞社、一九二七年。
(5) 拙稿「雪害救済運動」(『長岡市史・通史編下巻』一九九六年)五五六頁。
(6) 「高田新聞」一九二七年二月一一日付。
(7) 「北越新報」一九二七年二月一一日付。
(8) 「高田新聞」一九二七年二月一四日付。
(9) 高橋、前掲書、一八五頁。
(10) 『帝国議会衆議院議事速記録49』東京大学出版会、一九八三年、二三一—二三七頁。

(11)「高田新聞」一九二七年二月二二日付。
(12)同前、二月二七日付。
(13)「新潟新聞」・「北越新報」一九二七年二月二七日付。
(14)「柏崎日報」一九二七年三月二日付。
(15)「高田新聞」一九二七年三月二日付。
(16)「高田日報」一九二七年六月一五・二〇・二四日、七月一〇日付。
(17)同前、一九二七年六月二九日付。
(18)「高田日報」一九二七年一二月九日付。
(19)「昭和三年　新潟通常県会議事速記録」二四〇頁。
(20)「高田日報」一九二七年一二月二七日付。
(21)「柏崎日報」一九二七年三月一一日付。
(22)「昭和四年　新潟県通常県会議事速記録　第五号」(一九二九年一一月二九日)二四三―二四四頁。
(23)正道会『惨酷を極むる雪害地の地租解剖』雪の日本社、一九三一年、三頁。
(24)『帝国議会衆議院議事速記録53』(東京大学出版会、一九八三年)二〇一―二六頁。及び『帝国議会衆議院委員会議録　昭和篇14』(東京大学出版会、一九九一年)五五三―五七二頁。
(25)この点は、一九五一年から実施される寒冷地手当の前提となる構想として興味深い。
(26)『帝国議会衆議院委員会議録　昭和篇16』(東京大学出版会、一九九一年)一二九―一三一頁。
(27)同前、一五五―一六二頁。
(28)正道会編、前掲書、三頁。
(29)同前、四頁。
(30)前掲『自治』一九二九年六月、五八頁。
(31)「香川錬弥日記」一九二九年六月一六日条。
(32)同前、六月一七日条。

(33) 正道会編、前掲書、五頁。
(34) 前掲『自治』一九二九年九月、四五頁。
(35) 前掲「運動史年表」。
(36) 『帝国議会衆議院議事速記録58』(東京大学出版会、一九八三年)八九―九一頁。
(37) 『帝国議会貴族院委員会速記録　昭和篇22』(東京大学出版会、一九九二年)一九四―二〇三頁。
(38) 正道会編、前掲書、九頁。
(39) 「運動史年表」(図司安正・黒川久隆『雪国問題政治的解決記念写真帳』一九三三年、所収)。
(40) 『帝国議会衆議院議事速記録58』(東京大学出版会、一九八三年)五九―六五頁。
(41) 『帝国議会衆議院議事速記録60』(東京大学出版会、一九八三年)二五二―二五四頁。
(42) 『帝国議会衆議院議事速記録61』(東京大学出版会、一九八四年)二一七―二二五頁。
(43) 『帝国議会衆議院議事速記録63』(東京大学出版会、一九八四年)一〇二―一一〇頁。
(44) 「雪害対策」(防衛研究所図書館所蔵「公文備考　昭和十一年」所収)一九三六年。
(45) 立憲政友会機関誌『政友』四一一号、一九三四年一一月、一一頁。
(46) 同前、二九頁。
(47) 「東北振興調査会幹事会議事録」(国立公文書館「各種委員会」所収)。
(48) 「(東北振興調査会)総会議事速記録」(国立公文書館「各種委員会」所収)。
(49) 「昭和九年新潟県臨時県会議事速記録　第二号」一五―一六頁。
(50) 「北国新聞」一九三四年五月二七日付。
(51) 「昭和九年新潟県臨時県会議事速記録　第三号」四一―五一頁。
(52) 前掲『自治』一九三五年一月、五四―六三頁。
(53) 「昭和十年新潟県通常県会議事速記録　第一号」八八―八九頁。
(54) 「北越新報」一九三六年三月二七日付、他。
(55) 「第十三回大会報告・議案　全国農民組合新潟県連合会」一九三六年八月一八日、七―九頁。

（56）『帝国議会衆議院委員会議録　昭和篇63』（東京大学出版会、一九九四年）三三一―三三五頁。
（57）前掲『自治』一九三七年八月、一五―一八頁。
（58）「北国新聞」一九四〇年二月二六日付。

第七章　中山間村の公空間
——一九二〇〜三〇年代の山古志郷——

はじめに

本章では中山間村の新潟県古志郡山古志郷（現長岡市）をとりあげ、一九二〇年代から三〇年代にかけての道路開鑿問題を跡付けつつ、公空間をめぐる地域と自治のあり方を探ることにしたい。また村の階層的秩序や共同体的秩序について検討し、相互扶助等の基盤となるものを考える。

魚沼丘陵の真中に位置している山古志郷は古くから二十村郷と呼ばれていた。冬の五か月間は雪に埋もれ、交通が杜絶することもしばしばであった。水田耕作面積も狭少で、多くの農家は飯米を確保するのが手いっぱいの状態であった。主食以外の食物や生活用品の調達のため、養蚕・出稼ぎ等の現金収入に依存し、そのことによって何とか生計を維持していた。

中山間地域に暮らす住民が生活を維持している山古志郷という場で、住民がどのような問題に如何に対応していったか、そこで争われた公空間、目ざされた生活自治とはいかなるものであったかをめぐって検討することにしたい。

第一節　道路開鑿への想望

1　種苧原・小出線

山古志郷でいちばん奥の高台に位置するのが種苧原村であった。村人たちは長岡市に出るにも、小千谷町に出るにも、また小出町に出るにも、それぞれ四里以上も歩かねばならなかった。同村を通る道路のうち、栃尾町から半蔵金村を通って竹沢村から小千谷町に抜ける栃尾・小千谷線は、道路法施行直後の一九二〇年に県道に認定されていた。すでに栃尾町と小千谷町の両方面から、少しずつ工事が進められていたが、毎年一定区間ずつの工事で、村人が使えるようになるのは先のことであった（以下左掲の「山古志郷の道路概要図」を参照のこと）。

もうひとつは昔からの長岡に出る道のひとつとして、道路法施行まで唯一の郡道であった種苧原・長岡線である。同線は桂谷・長岡線に重なるので後述するが、住民の意向が真っ二つにわかれてしまい、なかなか進まなかった。

こうしてこの時期種苧原村が最も熱心に開鑿を進めることのできる路線は、種苧原・小出線にしぼられた。もともと地理的にいっても、同村から滝之又・小平尾を通って親柄に出る道は、ほかの道にくらべると高低差が少なく、広い道さえできれば往来しやすいところであった。小出町には上越線が開通しており、そこから鉄道を利用することもできた。

さいわいなことに、この種苧原・小出線は一九二三年四月一日に県道に移管された。それをきっかけとして、村民の同線改修への意欲は高まった。他方北魚沼郡広瀬村の沿線住民も熱心に行動しはじめた。広瀬村長は同年

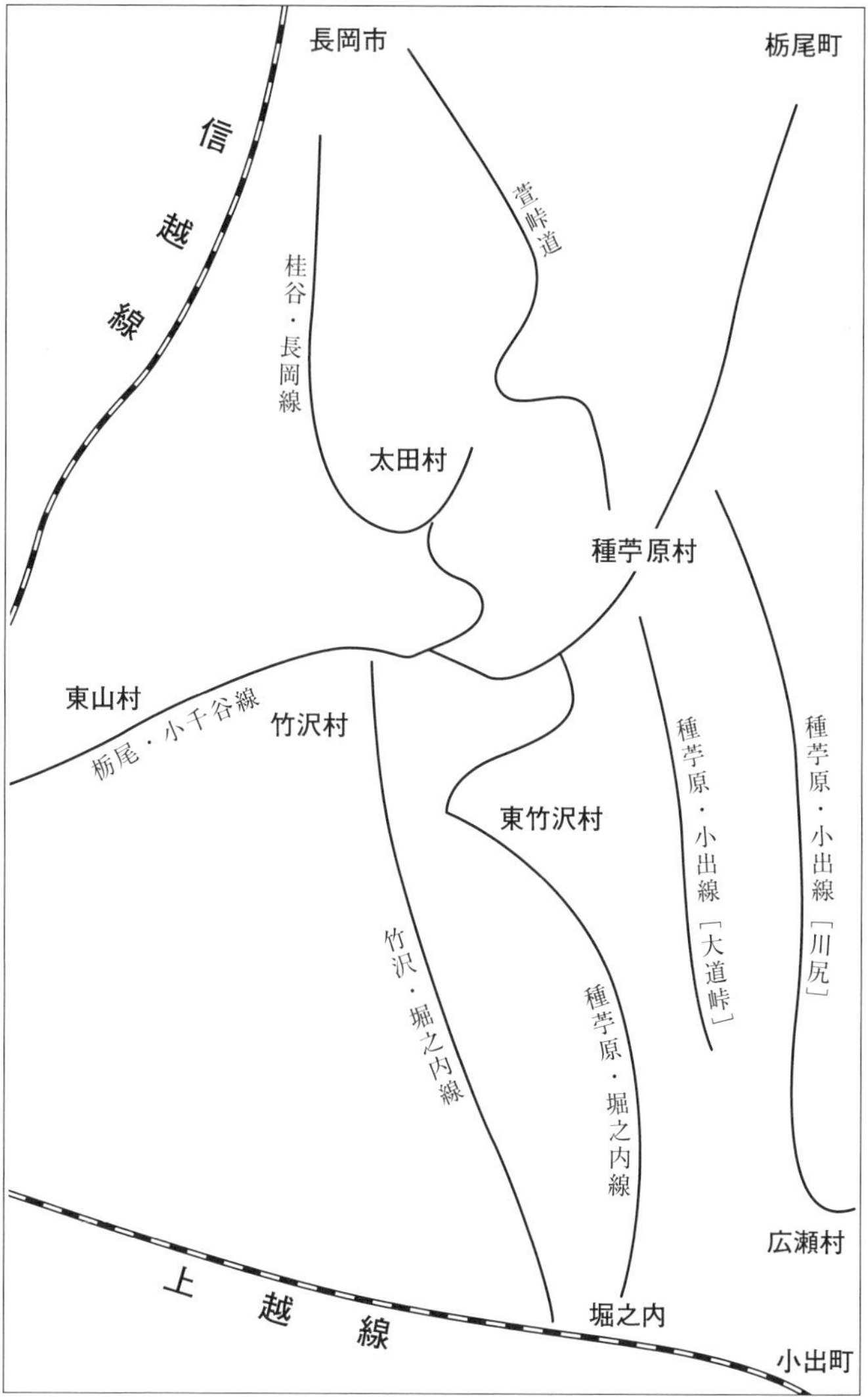

山古志郷の道路概要図（1920年代）

一月と二月に県庁に行き、小平尾製糸・広瀬製糸・小平尾区が土地買収費として二〇〇〇円を寄附するので、できるだけ早く着工してほしいと陳情した。

種苧原村から広瀬村までの測量は、一九二五年一一月一日から二七日まで行われた。その後、まず広瀬村大字小平尾地内から工事が始められ、一九二七年までにこの区間は完成した。しかし、この調子で工事が行われると、全線開通はいつのことになるやらとあやぶまれた。予定線の途中にある外山や滝之又では、県の工事を待ちきれないと自分たちで工事を始めようとした。そのためには県道がどこを通るかについてのくわしい設計図が必要であった。たびたび県庁に行って、「実測願」が手渡された。(1)

このとき種苧原村でも自営工事を始めようという声が高まっていたが、その前に解決しなければならない困難な問題があった。それは一九二三年に県が測量した場所は、川の西側で岩盤の絶壁が多かったからである。ここに道路をつくると、多大の工費がかかる上に、冬季間は大雪崩の危険があって使えない。それに対し川の東側を通すことにすれば、いくつかの橋をつける必要はあるが、工事も簡単になるし工費も少なくてすむ。何より冬も使える。ぜひ東側につけてほしいという声が、下村・大谷地といった村の東側の住民から出された。その声を受けとめて活動したのが種苧原村長である坂牧善作であった。

善作は、一九二七年八月、種苧原村議会に対し、村内を通る種苧原・小出線を西側から東側にかえてほしいとの建議を提出した。村会は、この建議をめぐって村落（字、組）の単位で対立した。あくまで大道峠道の改修を主張する大道派は、種苧原村内でも大道峠に近い中野・上村であった。それに対し坂牧善作ら東側の道を望む川尻派は、下村・大谷地であった。

川尻派にとって不利だったのは、一九二五年の県技師による測量が、西側に沿って行われたことである。善作らは、何としても川尻側の再測量をする必要にせまられた。一一月七日、川上六一郎は、県技師が一〇日間の予定で滝之又に出張してくるという情報を善作に伝えた。善作は、とりあえず川上に、川尻の測量もやってほしいと県技師に伝えるよう依頼した。八日、善作は矢もたてもたまらず仕度を整え、川尻を通って滝之又に行った。滝之又の区長宅には、佐藤亀治郎区長とともに、川上六一郎らがいた。ちょうど雨がひどくてひと休みしていた県技師との交渉が始められた。善作は、種苧原の再測量をくりかえし願った。しかし技師は、上からの命令がない以上種苧原に行くことはできないと突っぱねた。

交渉は翌九日、測量現場で重ねられた。善作は、一九二五年の測量場所は費用がかさみ、なだれで冬は通行できないので何とか再測量してほしいと嘆願した。しかし交渉相手の県技師は、とにかく今年は無理だとのべた。そこで善作は、今年についてはあきらめるが、われわれは独力で川尻の道を開き、川の瀬替えを行い、仮橋を作り、何とか滝之又地内まで通じさせるので、そのあと何とか再測量をして川尻側に早く県道を通してほしいとのべた。県技師もその提案に賛成し、来年は栃尾小千谷線の測量があるので、そのときに種苧原線の再測量を行うのがよい、ついてはそれまでに川尻の道がついていると好都合だとのべた。交渉は終った。善作らは村に帰る道すがら、川尻線を来年までにどうしても通す必要があること、自営工事でやるにしても種苧原村全体が一致して取り組めるようにするにはどうしたらよいかと頭を悩ませた。

昨日の興奮もさめやらぬ一一月一〇日、まず大谷地・下村の重立会が開かれた。川尻線の自営工事の見通しについて、あれこれ話が出た。川の瀬替えをするところには、木を二本渡して仮橋にすればよいということになり、冬前に村民が一致してやろうということに決まった。問題は大道派との調整であった。村全体としては川尻派が数の上で優勢を占めていたが、大道派の意向を無視する訳にはいかなかった。そこで出されたのが、川尻線を県道にするかわりに大道線を村道として開鑿する案であった。

一一月二四日の重立会では、この案に沿って進めることでは一致したものの、どちらを先に着工するかで紛糾を重ね、決定に至らなかった。一一月二九日夜、村民大会が開かれた。村民大会は翌日の午前三時まで延々と続けられたが「大道線開鑿派と延期派の大衝突ありて決」まらなかった。そこで重立会を開いて熟議し、その結果を三〇日の村民大会にかけることになった。こんど折り合いがつかなかったら多数決で決めることになった。三〇日午前一一時、村役場の二階で重立会が開かれた。そこで最終的に以下の案がまとまった。

一、川尻線を県道として成功する様全村努力する事

此為めに再測量を願ひ又再測量見込の場所に今より開道して測量に使する事

備考　下村大谷地等が大道線に反対したるは経費問題もあれども内実は川尻線が廃案されんことを恐れたる為にして又滝之又が砂横手切下げに故障を唱へて暗に大道線に反対の意を示したるも同しく川尻線の廃棄を心配しての為なれば此案を立てたるなり

二、大道線は村道として開くこと、但し今年は成るべく費用を節する為本村地内より着手し砂横手の切り下げは後年滝之又の同意を得てなす事、水沢との地界の方は前の約束に対し申分け丈け開き置く事

三、栃尾小千谷線が開通見込立ちたる上は前記両線工事を休み全村栃尾小千谷線に努力する事

その日の夜に開かれた村民大会では、この三項が全会一致で可決され、さしずめ難航したこの問題もやっと実行に移されることになった。一二月一日、さっそく川尻線の道筋の見分に、総勢一四人が繰り出した。仮橋の見積りや人夫の割当てなどが決められた。二日から工事が始まった。人夫一二九人が出て、仮橋架けが行われた。以後、大雨、大雪、吹雪などの悪天候にめげず、連日一〇〇人前後の村人が工事にあたった。大道線も同時に着

工されたので、中野区は全力をそちらに注ぎ、川尻線は主として下村・上村・大谷地の各区があたった。文字通り全村をあげて、道路開鑿のための自営工事を進めたのである。

工事は一九二八年にも行われた。待望の川尻線の再測量への期待が高まったところへ、六月二二日県土木技師が栃尾小千谷線の視察のため新潟市を立ち、栃尾から西谷村へと巡ってきた。七月一日から川尻測量が行われた。しかしこのときは完了に至らなかったようで、同年九月一七日に、政友派道路調査会議員が小出から外山に来たときに、再び「指定改修道路種苧原小出線再測量願」が出ている。

この道路改修が県道工事として認定され、七〇〇円の予算がついたのは一九二九年であった。翌一九三〇年春からやっと第一期工事が始まった。また一九三〇年度分の予算も一〇月五日についたので、第二期工事の起工式が行われた。このとき善作はすでに亡くなっていたが、かわりに息子の坂牧善辰が出席した。重立有志を合わせて四〇余人が「盛大なる宴」をはったという[2]。善作をはじめ、長年にわたって種苧原・小出線の開鑿に心血を注いできた人々にとって感無量の瞬間であっただろう。

種苧原・小出線の開鑿の基盤をかたちづくったのは、結局のところ村民自身による自営工事と、村内の利害対立を調整して合意に達した叡智であった。

2　種苧原・堀之内線

種苧原・堀之内線は、種苧原村を起点とし、太田村の池谷・楢木、東竹沢村の大久保・木篭・小松倉・芋川を通って、「交通運輸上最も近接利便を有する堀之内駅に通する」道路であった。すでに一九二三年に、竹沢村と堀之内を結ぶ線が県道に認定されていた。竹沢・堀之内線は竹沢村から東竹沢村梶金を通り、魚野川沿いの竜光に出て堀之内駅に至る道路であった。竹沢・堀之内線が、東竹沢村内のほかの五つの区を通らないことになっていたのに対し、種苧原・堀之内線は各区をくまなく通る道として計画されていた。山古志郷のなかでも最も谷あいの不便なところにある東竹沢村の村民が中心となり、ほかの道路計画からとり残されていた太田村の池谷・楢木の人々と組んで進められたのが種苧原・堀之内線の計画であった。

虫亀や種苧原村からは直接長岡市に行くことが可能であった。竹沢村からは浦柄や小千谷町に行きやすかった。しかし東竹沢村の人々にとっては、長岡はもちろん小千谷に出るにも山をこえなければならなかった。彼ら自身、東竹沢村を「山古志の辺境」と位置づけていた。(3) のちに小松倉の人々の努力で中山隧道が掘られ、越後広瀬を通って小出町にも行けるようになる。(4) しかし、この頃全村を挙げて開鑿が可能な道として考えられたのは、根小屋を通って堀之内駅に出る道であった。宮内から分岐した上越線は、すでに小出町まで開通していた。女工出稼ぎの往復のためにも、繭や牛、鯉の売買や日常生活用品の購入のためにも、一日も早く鉄道の駅に通ずる道を作ることが望まれた。

種苧原・堀之内線の計画が具体化されたのは、一九二四年のことであった。この年六月三〇日に東竹沢村の芋川・小松倉・木篭の惣代と種苧原村長らが連名で町村道開鑿費県費補助申請を提出した。近年中に上越線が全通しそうなので、その駅までの道をつけると大分便利になる。ついては独力では無理なので県の補助金をもらいたい、という趣旨であった。この「申請」をきっかけとして村民は同道の開鑿に情熱を傾けた。一〇月二九日には、さっそく道路の実測が始まった。一九二五年に入ると、申請に名前をつらねた関係村から、道路組合をつくって計画の促進をはかろうという声が上がった。堀之内村助役は古志郡役所に相談する一方で、三月一二日に芋川の有力者にその旨を伝えた。つぎの日、木篭の松井憲四朗らは堀之内村に行き、渡辺旅館に泊まった。同夜、堀之内村の助役、同線の堀之内村内の通過地域である根小屋の区長らと話し合いがもたれた。関係町村の連合で道路組合をつくること、とりあえず各村長の合意を得ることが決められた。(5)

三月一四日から各村のとりまとめが行われた。小松倉の小川勝蔵らも加わった。一五日には東竹沢村長、一六日には種苧原村長、二六日には太田村長に会って同意を得た。五月一二日、陳情書を携えた一行が県庁を訪問した。関係する区からひとりずつ代表者を出しての陳情団であった。この時点では、政党を通して陳情を実現させるというより、県庁への直接の請願という形をとった。

四村からなる道路組合の活動が始まった。まず一九二五年度道路組合歳入出予算が組まれた。歳入予算には県からの土木費補助として五六三円が見込まれていた。しかし陳情の結果が思わしくなかったので、とりあえず堀之内村の根小屋地内から村の単独工事として手をつけることになった。また道路の測量などのため、各村から事務費として寄付金が集められた。堀之内村は一〇九円（寄付率百分の四二）、種苧原村は六五円（同百分の二五）、太田村は三七円（同百分の一四）、東竹沢村は四九円（同百分の一九）であった。県補助金がつかないまま根小屋地域で工事が始められた。

局面がかわっていくのは、政党の側が普通選挙制の実施による有権者の拡大に対処するため道路政策をその柱としてすえたことによる。一九二七年九月の県会議員選挙は、普通選挙制による最初の選挙であった。政友会は、普選に直面して、全県的な道路政策の実施こそ、選挙民の支持を得るために最も有効であると判断した。九月の県議選をひかえ、政友会新潟県支部評議員会は、「大道路網の完成を期す」旨決議した。幹部が知事官邸で藤沼庄平に会った。決議を実現するために、知事の諮問機関として道路調査会を設置せよとの提案に対し、藤沼知事はそれを快諾した。こうして、「藤沼をわが党知事として歓迎する政友会支部の山際敬雄は、所属県議を道路調査のためと称して県下各地に派遣し、党勢の拡張に努めた」という。[6]このとき古志郡には、渡辺幸太郎と児玉龍太郎が派遣された。種苧原・堀之内線の推進者が坂井権吉や古志郡の県議選政友会候補田辺孫一につながる必然性は、むしろ政党支部の側にもあった。

政友会の積極的な働きかけに呼応する条件が整っていたのが、種苧原・堀之内線の道路組合であった。同年五月二八日、代表が政友会の坂井権吉と出塚助衛に会って今後のことを相談し、以下の行脚が実施された。八月九日、坂井権吉が土木派遣所を訪問し、同組合の陳情をとりついだ。九月一五日、組合側の出費により演説会が持たれた。選挙当日の九月二五日、有志は同選挙区の中心地である長岡に行った。[7]政友会の「党勢の拡張」に協力することによって、道路計画の促進がはかられた。以下選挙結果を追おう。

山古志郷の五か村（東竹沢村・竹沢村・太田村・種苧原村・東山村）では、一九一九年の選挙は民政党の前身である憲政会の大崎二六郎に票が集中していた。北越新報がいみじくも記していたように、「立憲改進党組織以来民政党の今日に至るまで清節を守っていた」のである。[8]

しかし、「清節」は一九二三年選挙で崩れるきざしがみえはじめた。多くはないが、まとまった政友票が太田村と種苧原村に出た。一九二六年の選挙は、補欠選挙であったこと、渡辺秀二が北谷村の出身で山古志郷に比較的近かったこともあって、ほとんどの票が憲政会の渡辺に流れた。それでも東竹沢村・太田村・東山村に五〇票前後の政友票が出た。

さて普選第一回の県議選の結果、種苧原・堀之内線の開鑿を政友会の尽力によって実現しようと期待した東竹沢村からは一一八票の政友票（田辺孫一）が出た。

東竹沢村大久保には、同年一〇月付で、区長以下四七人が連署した政友会への入党証がある。芋川・木篭・小松倉とともに、同線開鑿への期待が、東竹沢村の政友票となってあらわれたといえよう。小松倉の村民の回想によると、村議会はそのときまで憲政会系であったが、根小屋から芋川・小松倉をへて木篭に至る道路建設をめぐって、沿道にあたる区はみんな政友会系になったという(9)。

それではなぜ民政党に六四票が投じられたのであろうか。ここで同じ東竹沢村でも、道路については梶金区のみが独自の立場に立っていたことが思い起こされる。梶金は竹沢村から一番近い区であった。同区の名望家の関福松が郡会議員だったとき、浦柄から竹沢村を通って梶金までの道路がついた。以来道路をめぐっては竹沢村との関係が深かった。栃尾・小千谷線が開通すれば、東竹沢村のなかで梶金が一番便利になるはずであった。このときの梶金区会惣会議決事項によると、「梶金区は将来区の円満を図る為め政党は一党に一致団結し何れの党派をとはず共同一致の歩調をとり、決して個人にて勝手に他党へ走り、又は運動をなさざる事を約定し、決して違約せざること」と申し合わせている(10)。民政党に依拠して道路開鑿をすすめている竹沢村に同調して桜井真吾に票を投じたようである。

一九二七年の県議選で、もうひとつ票が割れたのは、太田村である。太田村では県道桂谷・長岡線の経過地をめぐって虫亀が民政党にたよったのに対し、蓬平・竹之高地が政友会の援助を求めていた。その対抗関係が政友会の二一五票、民政党の三五八票となってあらわれた。なお票数はそれほど多くないが、種苧原・堀之内線にかかわる太田村楢木と池谷からも政友票が出た。この点について楢木の人は、「それまでは、濁沢の小幡という人がいて、彼が選挙のときこの人にいれてくれといったので入れていたが、このときは根小屋の星野氏が、票を政友会に入れてくれれば新道をつくるといわれ、それに乗った、部落はこのときは政友会に投票した」と回想している。

一方種苧原村・竹沢村・東山村では、民政党の桜井真吾が多くの票を得た。これらの村々では、立憲改進党以来の「清節」が保たれていた。実際には各村を貫く道である栃尾・小千谷線などについて、民政党への期待が大きかったためともみられる。県議選で桜井真吾に投票した竹沢村の人は、その栃尾・小千谷線の開鑿が当時の村民の関心の的であったと回想している。(11)

山古志郷五か村民政派結党式が行われたのは、一九二八年九月二七日のことである。それまで憲政会を支持してきた二百余人の人々が、竹沢村の川上宅に集まった。竹沢村長の星野一也が会長となり、古志民政倶楽部と連絡をとりながら進めることになった。(12)星野が中心となり、翌二九年八月には、県道栃尾・小千谷線期成大会が開かれた。大会では民政党衆議院議員佐藤謙之輔と同県会議員桜井真吾が演壇に立ち、栃尾小千谷線の完成のために努力する旨演説した。(13)これらの活動が功を奏したかどうかははっきりしないが、一九二九年には四九八〇円の県補助金が交付され、そのうち二九八〇円を楢木が受領した。

この、はじめての県補助金の受領をめぐって、東竹沢村内は揺れに揺れた。一九二九年二月二二日付の松井憲四朗発星野要喜智宛の書簡によると、「何分昨秋の工事未完成の侭なる処にて、賃金の支払、材料の購入、代金支弁等々、加ふるに下方よりは委員連中への責任問題を鳴らして仲々相当処置には困却せし由なれども、結局は壱千百円とかの支払を協議し、内五百五十円を借入支払の途を講じ、残半額を村中に賦課徴収の方法により一先づ整理を付けることに致せし由にて候」とのことであった。費用の一部を村民に課したこともあって、村内から「委員の専断的行為」に対して強い非難が出た様である。この対立は、重立層によって構成されている「委員側対小前側」の対抗としてあらわれ「可成り紛擾の議論」があったという。道路開鑿をめぐって、村内の結束が乱れてしまった。

村内の紛糾は翌年も続いた。道路組合には一九二九年にも四九八〇円の県補助金が交付されたが、山古志側の工事は停滞したままであった。事態を打開するため、一九三〇年一月一一日に四区の合同寄り合いが持たれた。ここで、「堀之内種苧原線補助道開鑿に就て、沿道四か村は協同一致して本線の開鑿に付て促進方に努力し、工事当番は各四か字に於て協議すること」が申し合わされた。どの区内の工事を優先的に進めるかの調整も寄り合いで決められた。同年五月二五日に開かれた道路組合会議では、議第三号として「昭和六年度に工事施行すべき道路区域を東竹沢村小松倉」とし、「昭和四年二月決議したる昭和五年度工事施行区域小松倉とあるを木篭に変更」した。[14] 今回は緊急に測量が進められ、三一年の春から待望の木篭区内の工事が始められた。県補助金は同年七月中に交付される予定であったが、実際に交付されたのは一九三二年一月一五日のことであった。こうして紆余曲折はあったものの、交付された県補助金によって工事が進められた。道路組合に対する県補助金は、一九三一年度には一二九七円、三二年度には二一二八円と細々と続けられた。

しかし一九三三年度からは、政府が農村救済のために導入した時局匡救土木事業に支出財源をかえた。山古志郷の人々にとって既成政党への投票行動と道路敷設問題が連動していたのであるが、政党の影響力を排除した斎藤実内閣による措置はそれを断ち切った。政党の影響力が下がり始めると、政友票は減り始め、社会大衆党や国民同盟などにも票が分散するようになった。民政党との関係が深い竹沢村でも、一九三二年以降になると政友票や散票が増えていった。種苧原村においては一九三二年の総選挙で政友会の山田又司に三一〇票が投じられたものの、次の選挙では六二票に激減した。

種苧原・堀之内線の開鑿をめぐっては、政党内閣期に既成政党にその実現を托すという行動が見られた。だがそもそもの始めは住民の意志として文明の恵沢を均等に受ける権利を求めての活動にあった。既成政党がそのための媒介機能を果たさないとすれば、別の手段を求めざるを得なかった。

3　桂谷・長岡線

山古志郷のなかでは長岡よりにある虫亀区の人々は、長岡に通ずる道路がよくなることを強く望んでいた。この頃の虫亀は太田村に属していた。太田村には、村役場が置かれていた濁沢のほか、鉱泉の蓬平、不動社の竹之高地などがあった。道は濁沢を分岐点として蓬平方面と虫亀方面にわかれていたから、どちらの道を優先的に整備するかは、村の大問題であった。虫亀と濁沢の間には、それまで郡補助里道が通っていたという。虫亀の医者だった佐藤亀次郎が郡会副議長のとき、一一五〇円かけて濁沢からつけたとのことである。[15] 村人は、この道をたどって宮内や長岡、あるいは新潟や遠く東京・名古屋・大阪などを往復した。塩などの食糧品の購入など日々の生活を送る上でも不可欠の道であった。

しかし道はなかなかよくならなかった。一九二二年頃から、太田村内では虫亀の方の道路を先に整備するか蓬平・竹之高地方面にするかでもめていた。同年三月七日付の「村道改修費補助申請」には、このときの村会で蓬平から竹之高地までの道の改修を決定した旨記されている。その道は蓬平鉱泉への浴客と、竹之高地不動社への参拝客が多く、「往復至て頻繁」であったという。[16]

一九二二年末から開かれた臨時県会は、郡制の廃止にともない、それまでの郡道を新たに県道として認定するか否かを審議するために開かれた。このときの知事原案には桂谷・宮内停車場線を虫亀経由で県道に認定する案が提出されていたが、政友会系議員によって蓬平経由に修正された。[17]

この萱峠から栖吉村を通って長岡に出る蓬平経由の道は、種苧原村から直接長岡に出るには便利な道で、それまでもしばしば使われていた。当初種苧原村民を中心に開鑿に力が注がれた道であった。郡制の廃止に際して一九二二年一〇月にすばやく郡道県移管願いが出されたのもこの道であった。萱峠開鑿のため種苧原村をあげて自営工事が行われたのは、一九二三年の七月から八月にかけてのことである。「萱峠道路開鑿人夫帳」によると、七月二二日から八月五日まで、連日のように村人が交替で出夫した。七月二六日には、「夕刻工兵隊大隊萱峠線開鑿の為め下士一名卒十六名出張」してきたという[18]。軍隊に助力を請いつつ萱峠道開鑿の悲願を達成しようと計ったのであるが、このような努力にもかかわらず結局県道への認定からはずされてしまった。

一九二七年一一月には、種苧原村・栖吉村・山通村・半蔵金村・広瀬村の連名で同線の県道編入願いが出された。長岡街道として物資運輸の重要な道なのに、県道認定からはずされてしまったので、非常に困っている。是非県道として認めてほしいという趣旨であった。しかし改修に余りに費用がかかることが懸念されてか、同道はなかなか認められなかったものの、一九三〇年に至って県道に認定された。

かわってこの時長岡に出る道として期待されたのが、風口峠を通り太田村の蓬平に出て、濁沢・村松・宮内をたどる道であった。この道は県道桂谷・長岡線の認定に際して、濁沢から桂谷までの道すじを虫亀経由にするか蓬平経由にするかで紛糾した路線であった。さきの一九二二年一〇月付の郡道県移管願いでも、種苧原村・太田村・半蔵金村・田代区の連名で、この道路を県道とする案が盛り込まれていた。同じ太田村内であっても、虫亀区では風口峠経由を先に県道に認定してほしいと考えたのに対し、蓬平区は種苧原村といっしょになって蓬平経由になるよう運動したのである。種苧原村の村役場吏員の一九二三年一月五日付の日記には「太田村大字蓬平の重立宮内桂谷線県道移管路線蓬平通過御願調印の件に付星野区長以下弐人来庁せる由にて村長及坂牧善作氏調印」との記述がある[19]。この時期に同村が蓬平とともに県道桂谷・長岡線を蓬平経由で通すための活動を進めていたことがわかる。しかし県道認定について、虫亀との調整は困難を極めた。両者は対立を繰りかえすのみで、計画の実施も延び延びにならざるをえなかった。虫亀側は、憲政会・民政党系の県議をたよりとしたのに対して、蓬平側は政友会をたより、紛糾を重ねたからである。両者の利害の対立に、折からの二大政党の党勢拡張運動がからみ合って、路線問題は政争の道具の様相を呈した。実際当時の新聞は、この紛糾を「県下に於ける三大悶着線」、「血みどろの競争線」と記していた。

この紛糾がどうやらおさまったのは、一九三一年のことである。同年四月六日、太田村役場前から重左衛門橋までの工事入札が行われ、四月一四日に着工した。同年一一月一五日には工事が終わり、いよいよ本格的な県道改修に乗り出す時となった。

しかし以後の工事も、必ずしも順調には進まなかった。一九三二年の農村振興土木事業をめぐって村から提出された書類をみると、同年の土木工事は濁沢地内のみであった。「農村振興土木事業に関する件」という長岡土木派遣所宛の文書には、濁沢地内を第一に必要としながらも、蓬平・竹之高地間と虫亀の「太田村より竹沢登記所、同郵便局に至る要路亦た虫亀部落より上越線東小千谷駅に至る唯一なる道路」の改修も併記されている。

このときの農振土木事業では虫亀まで改修の手は伸びなかったようで、三年にわたり主として字貫地の改修工事が行われたという。[20] 牛馬を往復させることさえ困難な道路を少しでもよくするため、以後も繰り返し県道整備の陳情が行われていった。

一九三五年一〇月二〇日付の陳情書がある。太田村長・東山村長・竹沢村長・種苧原村長・東竹沢村長の連名で出されたこの陳情書には、山古志郷が山あいに散在する小さな村々であること、耕地が狭くやせているため農産物が乏しいこと、冬の積雪が多く約半年間屋外作業が出来ないことなどが切々として述べられ、その唯一の解決策として交通機関の整備があげられていた。これまで数十年にわたって村内の道路整備を県に訴えてきたにもかかわらず、改修されたのは他町村の道路ばかりであり、山古志郷はちっともよくなっていない。そこで、是非巡視してもらい、更生発展のための百年の大計をたてて欲しいというものであった。

もちろん道路を整備しさえすればこれらの問題が一気に解決されるものではなかった。しかし、出稼ぎにたよる一方では、教育や文化の恩恵が薄く、不便な医療体制を甘受せざるをえない村人にとって、この時点でもまず道路をよくすることしかないと考えられたのであった。道路開鑿への村民の熱情は、農閑期を利用した自営工事に注ぎ込まれた。だが自力ですべてを行うことが出来ない以上、何らかの協力を県当局などに求めざるをえなかった。県道認定をめぐる活動も、そのことによって工事費が調達しやすくなり工事が促進されることを期待してのことであった。そこに割り込んだのが新しい有権者の獲得に奔走する政友会と民政党の支部であった。山古志郷では道路開鑿への期待が高まっていただけに、この政争の渦に直接巻きこまれた。桂谷・長岡線の場合も民政党系が虫亀経由を推したのに対し、政友会系が蓬平経由を主張して紛糾した。ただ村人にとっての願いは、道路を開鑿してほしいということであったから、政党がそれを実現できないようであれば距離を置かざるを得なかったのである。

第二節　村の成り立ち

1　階層構成

東竹沢村をとりあげて階層構成の特徴を検討しよう。まず生産額の推移である。農業恐慌の渦中にあった一九三〇年の総戸数は二三六戸である。その年の一戸あたりの作付面積は三反であり、収穫高は三・三石、価額は四五円三四銭であった。しかし一九三五年の反当収量は〇・九八二石と農業恐慌のときよりも下がってしまう。これはその前年の大雪と冷害による打撃からたちなおっていないことを示していた(21)。村人は「恐慌はこまったが時期が短かかった、昭和九年の凶作のときの食糧の方が大変だった、このときが一番こまった」と回想している(22)。その五年後には反収も一・六八石になり、養蚕収入も五倍近くまで伸びたという。

つぎに一九三八年における自小作別の農家戸数、耕作面積、広狭別一戸平均耕作面積を見よう。自作層が一六七戸なのに対し、自作兼小作層が四九戸、小作層が九戸であった。この村の小作地面積は一〇町二反三畝（一九四四年の調査では一四町五反七畝）であり、小作地率は七・六％にすぎなかった。村落ごとの地主・小作関係を示す調査表によると、各村落ともひとりの地主が四人以上に小作地を貸付ける例はみられず、一人ないし二人がほとんどであった。貸付面積も梶金四四反、大久保一五反、木篭二三反、小松倉一五反、芋川四六反であった。これらのことは、平野部にみられたような農民層分解が行われず、自作層が多かったことを示している。しかし自作農家の耕作面積をみると、五反以下が八四戸、五反から一町が四二戸と、極めて零細な経営規模であったことがわかる。また自小作層が耕作面積の何割を小作していたかをみると、二割未満が六戸、二～四割が一三戸、四～六割が一四戸、六～八割が一〇戸、八割以上が六戸であった。小作層では専業農家が九戸のうち二戸にすぎないのに比べて、自小作層では四九戸のうち三七戸が専業であった(23)。

同村では地主層といえども小作料収入によって生活できる層はほとんどなく、自作・自小作層においても極めて零細な耕作面積であった。したがって多くの家は水田とともに養蚕を営んでいた。水田が自家飯米の確保という側面を強く持っていたのに対し、養蚕は出稼ぎと共に重要な現金収入の道であった。しかしそれにしても、一九三〇年における養蚕戸数一六六戸の一戸平均生産量は一九貫、五〇円の収入であり、諸経費を差し引くとそこから得られる現金収入は限られたものであった。「米はほとんど食いぶちになり、あまって出すのはわずかだった、その他は冬の出稼ぎと養蚕による現金収入によってまかなった」という隣村の地主の言葉は、村のおかれた経済状態を如実に示していた(24)。

加えて同村では地主から小作までを含めて多額の農家負債があった。時期はさかのぼるが一九一七年における農家負債の状況を見ると、一万一七〇〇円の負債のうち土地購入のための借金は五〇〇〇円のみで、一万一二〇〇円が生活費のための借入であった。借入先のうち金利が年七分と安い県農工銀行や無尽講の利用割合は低く、その七六・九％にあたる九〇〇〇円が月利一割二分の相互信用によって、五〇〇〇円が月利一割の地主貸出によってまかなわれていた。このことは当座の生活を維持するために高利の借り入れを余儀なくされていたこと、したがって返済のために出稼ぎ等に依存せざるをえなかったことを示している。なお相互信用は多くの場合マキ内で行われていた。

村人は関東を中心として県外に出稼ぎに行った。一九一九年から三〇年までの県外出稼者数をたどると、かなりの増減をともないながらも常に平均一戸一人以上の県外出稼者がいたことがわかる。いわば村の生活そのものが出稼ぎに依存することによってのみ成り立っていたといえる(25)。しかもこのような県外出稼ぎは決して安定したものではなく、昭和恐慌とともに減少傾向に転じていった。男子の出稼者数の変化は比較的みられないが、女子の場合は景気の変動に連動している。出稼女工数は、一九二二年に一三四人、二四年に一一六人、二六年に一〇六人であったが、二九年には七五人、三〇年には六九人に激減した(26)。ちなみに『新潟県県外出稼女工調査』によると、東竹沢村からの女工出稼ぎは、東洋紡桑名に六人、東洋紡山田に四人、大日本紡（岐阜）に八人、金ニ組製糸所（諏訪）に五人、大宮山丸製糸所に九人、奈良製糸所に六人など合計五二人であった。[27] さきの統計では一九二六年の出稼女工は一〇六人となっており、女工保護組合で把握していない女工も多かったことが明らかである。なおそのほかの村民の出稼ぎは、土方や商店の下働きなど都市の雑業が多かったという。

出稼ぎは県外のみではなかった。聞き取りによると、山古志郷では冬になると長岡方面で土方や電気工事に従事したという。[28] また早春になると刈羽郡や蒲原平野に「田打ち」といわれる田起しに行ったという。[29] これらの土地では二十村衆と呼ばれて歓迎されたとのことで、その勤勉ぶりを伺うことができる。このような県内・県外にわたっての恒常的な出稼ぎによってのみ、村経済は維持されていた。

それではこの村にとって出稼者が析出される基盤はどのような特徴を持っていたのであろうか。梶金区の例である。梶金区の四四戸を四つの型に類型化し、農家ごとに所得額、田畑山林所有、出稼ぎ、その他の稼ぎ等についてみよう。資料の制約から所得額は一九二六・二七年の数字であり、田畑山林所有面積は一九三八年、出稼ぎ以下の項目については　一九三〇年の数字をとらざるをえなかった。類型は土地所有の面から、上層は土地を他人に貸しながら自作している地主自作、中層は自作地のみで経営している自作、下層は小作地を経営している自小作・小作と田畑に依拠しないで生活している層に分けた。単純に土地所有によって分けたので、階層と所得額が一致しないこともある。[30]

まず上層をみると、やはり区内で最も安定した経営を行っていた。自作地・貸付地とも平野部に比べると多いとはいえないが、自家飯米のほかに販売米があるだけでも大きな違いがあった。しかし一軒を除いていずれも養蚕を営んでおり、冬のみの出稼ぎを含めて各戸とも出稼ぎを行っていた。

中層は上位と下位に大きな開きがある。上位においては田・畑・養蚕を合わせて経営を行っていけたが、それ以下になると自作といっても耕地をほとんど持っていない層がみられた。その場合、やはり出稼ぎに直接依存するか日雇いに出るかして現金・収入を得なければならなかった。いわば雑業層であるともいえよう。

それら下位の自作層より、たとえ小作地であっても耕地を持っている層の方が収入は安定していた様である。中層の上位は、小作地が多いにもかかわらず安定した所得を得ていた。それに対し、やはり下位の自小作・小作層は、ほとんど例外なく出稼ぎに出ており、そのほかにも冬のみの出稼ぎや日雇いによって生活をたてざるをえなかった。概して下層の場合、他に比べて出稼者が多かった。

なおそれらとは別に商業者や小学校教師などが居住していた。区内では一定の生活を維持できた層である。彼らの場合も、多少の自作地を持ったり、養蚕を営むことがみられた。

土地所有によって類型化してみると、出稼者の折出基盤がより貧困な階層にあることがわかる。ただここで示されているのは、むしろ類型や上・下層の差をこえて各農家において広汎に出稼ぎが行われていることである。また土地の所有面積の差が必ずしも所得額に対応しておらず、土地所有の面から一義的に農家の階層を規定することができないことである。

2　相互扶助

区内で最も安定した経営を行っていた上層においても、次男以下に村内での分家を許すとすれば、たちまち中層や下層に移ることになった。したがって財産分与をともなう独立は厳しく規制された。関東大震災のときに、出寄留者や出稼者の安否を確認するために作成された資料によると、上層では東京に二戸が、名古屋に一戸が、それぞれ出寄留している。中層以下の家についても多くの出寄留者がいた。このことは、家を継ぐ以外の人は階層の差をこえて多くの場合出寄留者として村外に居住していたことを示している。そしてそのことによってのみ村落の戸数は一定に保たれたといえよう。長男が何らかの都合で家を継げない場合は二男以下に、また女のみで家が絶えそうな場合は婿がとられた。この村落では地主小作関係を基軸とした村落秩序とは別に、村経済を破綻させないために全階層が守らねばならない共同体的規制が重要な意味を持っていた。

しかし梶金区でも上層を中心に重立による支配秩序が存在した。重立は経済的実力があるとともに、多くの場合マキ親であり、同族団の中心人物（本家）であった。梶金には四つのマキがあり、その代表が交代で東竹沢村の村会議員になっていた。この地域では戦時体制下においてさえ「人手不足の解消のための相互扶助は基本的にはマキ内でまかなっていた」のであり、普段からマキによる相互依存関係が重要な意味を持っていた。所有地の売買や水利、婚姻にいたるまで、まずマキ内で処理が行われた。たとえば梶金の或るマキの分家は「節季勘定が百八十円許り調達する為め山を売るに就て本家」に相談に行った。

梶金区における一四歳未満・六〇歳以上の家族数と、同じく出稼者と自家労働人員の相関をたどると、六〇歳以上の家族がいないか、あるいは一人かかえている家が四七戸のうち四二戸もあり、一四歳以下の子供については三四戸が一人から四人をかかえていた。この村落の平均的な家は、扶養する子供が二人前後と老人一人がいるかどうか位の構成であった。[31]同村の一戸あたりの平均家族数は一九二〇年で五・五人、一九三〇年で五・一人であった。この梶金の事例は、ほぼ東竹沢村全体にもあてはまっていたといえよう。

それらの家で現に労働力として働いている人員と出稼者数との相関をみると、自家労働人員二〜三人のところに三〇戸が集中し、そのうち通年出稼ぎに出ている家が半数位であった。ようするに同村では、夫婦と老人一人、子供二人といった二世代、または三世代の小家族からなり、必要労働人員以外は出稼ぎに出るというのが一般的形態であった。[32]これらの比較的単一の小家族は、多額の農家負債をマキを主体とした相互信用によってまかなっていた。労働関係、葬式や婚姻などの諸行事、さらには災害に対する結束など、小家族であるが故にマキへの依存が深かったといえよう。マキ親は個々の家の経済力の弱体化に対して様々な面で援助すると共に、田畑の売買についても出来るだけマキ内で処理するようにしていたという。

マキは村落共同体の相互扶助を基盤とした集団で、戦時下の布施辰治が「ゆひ」による共同労作を評価したのと同様な側面をもっていた。ただ重立による村落の支配秩序が維持されているところでは、その秩序を補強する役割を果たした。山古志郷の場合も村内に厳然とした階層的関係があったが、その差が相対的に少ないこともあり、なかなか表面化しにくく、村としての存亡をかけた対応のなかに往々にして組み込まれていた。

3　村の存亡

山古志郷の村々の農業恐慌からの脱出方策や経済更生運動について見よう。太田村では区長会議決定の自力更生策として、盆の客寄びを中止すること、法事・葬式に酒は絶対に出さないこと、電燈はなるべく節約すること、などが決議された。[33]しかしその太田村でも、こうした勤倹節約による対策より救農土木事業による補助金の獲得と念願の道路開鑿が少しでも進むことに強い関心が持たれた。救農土木事業の町村割当が協議される直前の一九三二年八月一二日付で太田村長から長岡土木派遣所長宛に「農村振興土木事業に関する件」が、また翌一三日付で新潟県土木課長宛に「県道桂谷長岡線道路改修願の件に付陳情」が出されているが、そこでは次にように述べられている。[34]従来村民の生活は蚕業と出稼収入によって維持されていたが、財界の不況によって繭価が空前の暴落となり、出稼ぎも出来なくなった。その窮状はきわまっているが、村には救済策がない。ついては県の方で失業救済策として土木事業を実施して欲しい。さいわい桂谷・長岡線は本地方開発に役立つし、これに失業救済を兼ねれば「一挙両全の事業」となる、と。この稟請に際して工事の請負者を民間業者にせず、太田村当局にしてほしいと強く求めた。太田村は「山間の貧弱なる農村にして耕地狭く故に出稼労働を専業とするもの並に農作傍ら季節的出稼労働を為し之が収入を以て生計を営みたるものの数約七割を占めある」状況なので、村民に「貸金を得せしめ」ることによって農村振興の実を挙げることが期待されたのである。

このような行政への期待と依存は、一九三三年から三四年にかけての大雪害と、それにともなう凶作への対応のなかでさらに強まった。山古志郷の村々はこのとき壊滅的な打撃をこうむったからである。一九三三年五月二三日付の北越新報は、「山古志五か村は壊滅的大雪害、二千百五十戸の負担百十二万円に及ぶ」という見出しでその惨状を伝えた。[35]それによると「特に傾斜地の為め道路の欠壊、橋梁の墜落、樹木の倒折、色鯉の轢死等惨憺たる状態を呈し」ていたという。五村は共同して県当局に対する陳情活動に入った。まず四月一二日付で千葉了県知事に「陳情書」を提出し、これまで更生のために精進してきたが「本年の雪害に対しては唯々自力のみによりて此の難関を突破し難」いので、救済策として「家屋税の軽減、匡救土木事業の増加、県道開鑿の進行其の他」を行ってほしいと要請した。続いて陳情書を携えて県庁、民政・政友両党支部、長岡土木派遣所、郡農会をまわった。村民は「世人の是れに対する同情は甚だ薄きの感有之候」としつつも、何とか救済の手がさしのべられるよう行政当局に期待したのである。[36]

同時に村の中でも対応策が練られた。東竹沢村における対策は、県当局から飯米の貸付けを受けるために知事宛に提出した「飯米貸付申請書」中の「現在に至る応急処置の概要」によって知ることができる。

東竹沢村では、同年九月一〇日、村内重立有志者が自己の所有米四五俵を最も窮迫している六〇戸に支給した。

その間前後四回にわたって重立有志者の会合を開き、千俵余の飯米不足を解消するために以下の対策を決定した。

イ、季節出稼の強制奨励延八百人

ロ、本年度四期払込の配米を受けたるものは配米高に対する挽割麦七割を更に此の際延納するを以て跡入配給し混食せしむること

ハ、他全般に於て必ず混食を実行し米飯を絶対に常食とせさること

〔中略〕

ト、十年産米を九月分より食用せしむる如く極力早稲の作付を強制奨励する(37)

凶作に直面して所有米に余裕のある重立層が表に立って、村民に対して出稼ぎの強制を行う一方で、食生活の内容や作付品種に至るまで細かい規制を設けたのである。これを重立による支配秩序の強化とみることができる。凶作といった村の存亡にかかわる事態のなかでは、村役場や村議会のような機構ではなく、その実質的な運営組織であった重立寄合が前面に出ざるをえなかったことを示している。これら重立層は、マキ親であると同時に村内の地主自作層であり、村の階層的秩序の頂点に立っていた。凶作からの脱出にあたって彼らの指導性が発揮されたことにより、一方では村の階層的秩序は強化された。

これを村や部落経済の壊滅を何とか防ぐという観点からみると、もしそのような対応策が出されない場合、それまで曲りなりにも維持されてきた農家戸数が激減してしまい、村落共同体がたちゆかなくなる可能性が十分あった。マキによる結合が強く村落としてのまとまりが重視される共同体にあっては、まず村落の単位で凶作の打撃からたちなおることが目ざされたといえよう。実際それまでも村仕事や祭り、家屋税賃貸価格調査、村税戸数割所得調査など村落で処理する事項は多かった。道路開削や冬道雪止工事等の重要案件は、村落の総意として決定された。

それにしても凶作からの脱出の方途を村ぐるみの出稼ぎに見いださざるをえないところにこの村のおかれている困難な立場があった。ほとんど全階層から恒常的な出稼ぎが行われてきたのがこの村の歴史であった。さらにその上に延べ八百人の「出稼の強制奨励」が求められた。それでも村人は何とかこの窮状をしのぎ、政府からの借入米を籾で返したという。

一九三四年の凶作への対応にあたって村が実行した対応には二つの側面があった。一方は重立による支配秩序の強化であり、他方は共同体的規制によって村壊滅の危機を脱することであった。前者の側面は強く存在するが、同村ではその社会構成が相対的には鋭い階層対抗をほとんど生み出さないような構造を持っていたが故に、逆に後者の側面に強く規定されざるをえなかった。

おわりに

山古志郷では地域格差是正のために、一九二〇年代から三〇年代にかけて道路開鑿に情熱が傾けられた。道路開鑿は、最も優先的な公空間における課題となり、地域対立を調整しつつ自営工事に励んだ。そのために必要とあれば政党に接近して補助金を獲得した。村存亡の危機には、一致して打開をはかった。これらの地域における営みは、人間として平等に文明の恵沢を得ることを求めてのものであったとはいえる。

その時動員された村や村落共同体の機能は、階層的秩序を変更するような方向性を持つものではなかった。村内の階層的秩序を利用することさえあった。地域格差是正のための営みは、階層的格差是正とは一応別のものとして位置づけられる。相互扶助を基盤とした集団としてのマキについても、ある条件の下では階層的秩序を強めるために機能した。しかし別の条件の下では、それらを越えた共生・協生の基礎単位になるものもあった。どちらに傾くかは、公空間において地域格差是正と階層的格差是正の両者を組み込んだ生活自治をどのように実現するかをめぐっての取り組み如何ということになろう。

注

(1) 坂牧善作「種苧原小出線自営工事日記」(坂牧家文書所収)。以下善作関係の記述は同日記を使用。
(2)「北越新報」一九三〇年一〇月八日付。
(3)「村道改修工事補助請願書」一九二七年一一月一四日(旧東竹沢村役場文書)。
(4)「中山隧道の記録」(私家版)。
(5)「自大正拾参年度道路諸記録」(松井甚四郎家所蔵、以下「道路諸記録」と記載)。
(6)『新潟県議会史・昭和篇一』一〇四頁。
(7) 前掲「道路諸記録」。
(8)「北越新報」一九二七年八月一六日付。
(9) 村民談話(一九七八年二月一一日聴取)。
(10)「昭和六年三月十五日梶金区会惣会議決事項」(「昭和六年　議事録書類」、梶金区有文書)。
(11) 前掲、村民談話。
(12)「北越新報」一九二八年九月三〇日付。
(13) 同前、一九二九年八月二〇日付。
(14) 前掲、「道路諸記録」。
(15) 長島多郎吉氏談話(一九七八年二月一一日聴取)。
(16) 太田村「村道改修費補助申請」一九二二年三月七日(「重要書類」、旧太田村役場文書)。
(17)「北越新報」一九二三年一月八日付。

(18)「大正十一年　萱峠道路開鑿人夫帳」（坂牧家文書）、佐藤久佶「大正十二年当用日記」（佐藤久家文書）。
(19) 同前、「大正十二年当用日記」。
(20)「昭和十年十二月四日　陳情書」（旧太田村役場文書）。
(21) 東竹沢村「学事関係表類綴」（旧東竹沢村役場文書）。
(22) 畔上嘉六氏談話（一九七八年二月一二日聴取）。
(23) 新潟県総務部『新潟県農家調査書』（新潟県、一九三九年）所収の統計表による。
(24) 星野仙一氏談話（一九七八年二月一一日聴取）。
(25) 東竹沢村「庶務ニ関スル統計表綴」（松井家所蔵）。
(26) 拙稿「出稼ぎと移民をめぐる一視角」（『新潟近代史研究』一号、一九八〇年）参照。
(27) 新潟県女工保護組合『新潟県県外出稼女工調査』（一九二七年刊）。
(28) 小川庄松氏話談（一九七八年八月二七日聴取）。
(29) 川上彦七氏談話（一九七八年八月二八日聴取）。
(30)「昭和三年度戸数割所得調査簿　梶金ノ部」（関正史家所蔵）等。なお類型の諸表については前掲拙稿「出稼ぎと移民をめぐる一視角」（六五頁）を参照のこと。
(31)「昭和十三年度戸数割所得調査簿、梶金ノ部」（関正史家所蔵）。
(32)「昭和五年度特別税戸数割資料簿、梶金区」（同前）。
(33)「昭和七年　会議ニ関スル書類」（同前）。
(34) 太田村役場「農村振興土木事業ニ関スル件」一九三二年八月一二日、新潟県土木課長宛「県道桂谷長岡線道路改修願ノ件ニ付陳情」（同前）。
(35)「北越新報」一九三三年五月二三日付。
(36)「［大雪害］陳情書」一九三四年四月一二日（「陳情請願ニ関スル書類綴」、旧竹沢村役場文書）、東竹沢村「豪雪被害関係文書　昭和九年」（旧東竹沢村役場文書）。
(37) 東竹沢村「凶作ニ依ル飯米貸付申請書」（同前「豪雪被害関係文書」所収）。

第八章　地域社会の翼賛体制

はじめに

翼賛体制とは、明治憲法下の立憲体制に沿って政治が運営されるのではなく、天皇をたすけて政治が営まれる仕組みをいう。もちろん総力戦体制の下で、帝国議会は存在したし、市町村議会や地方自治制も維持されていた。だがアジア太平洋戦争期の帝国議会を翼賛議会、一九四二年四月に挙行された総選挙を翼賛選挙と呼ぶように、すでにその実質的機能を喪失した状態になっていた。それでは実際に機能した翼賛体制とは、どのような実態をもった体制だったのであろうか。本章ではこの問題について、地域社会との関係に焦点を絞って検討することにしたい。

第一に、中央政治において議会制の後退が進むなかで、地域社会の政治運営はどのような変化を余儀なくされたかを個別事例に即して検討する。第二に、地域社会における翼賛体制成立の内実を探る。第三に、地域社会においてつくり上げられた翼賛体制の意義を探るなかで、その深層を生活自治との関係において考えたい。

第一節　総力戦の公空間

1　地域社会の兵力動員

一九三三年一月に長岡駅で自殺事件があった。深才村長の日記によると、深沢出身の青年が朝鮮羅南の連隊に入営したものの、健康診断ではねられて除隊になったことを悲観して長岡駅で自殺を企てたという。翌朝村長に遺書が届けられたが、そこにはせっかく壮行してくれた村民の期待にそむいたのを遺憾とし、到底郷里に帰れない、自分のふがいなさのため村民に不名誉を与えたことを許して欲しい、としたためてあった。[1]郷土の期待に応えられず、押しつぶされたのである。

似たような話が『山本元帥前線よりの書簡集』にも載っている。長岡市上田町の青年が機関兵として横須賀海兵団に入団したが体格検査で不合格になった。盛大な見送りを受けて郷里を出発したので、帰るに帰れない。ついては何とか入団できるよう援助して欲しい、と山本に懇願したという。[2]

郷里（地域社会）の期待とはそれほど重いものであり、兵士になって国につくすことと密接につながっていた。出征のたびに繰り返される村をあげての歓送会や歓迎会、慰霊祭などによって、兵隊に行くのは誇りであり、行かないと肩身が狭いという雰囲気がつくられていた。郷土兵は、国のために戦いつつ、郷土を振り返り、その延長上にのみ家族を想うことを許された。

これらの挿話は、地域社会が軍隊や戦争に対して持っていた密接な距離をかいま見せてくれる。地域社会における、そのような無言の圧力がなければ、軍隊制度自体が成り立たなかったのであるが、総力戦の進行はさらに地域社会に重大な役割を負わせることになる。

地域社会の戦争協力の公空間を生み出すための推進力となったのは、たとえば長岡市の反町栄一のような地域の有力者であった。反町は在郷軍人会を率い、米騒動に出動することで軍人会を社会的に認知させた。関東大震災やたび重なる火災・水害に、彼らが組織した義勇隊を活躍させていた。(3)「満州事変」以後は、戦争遂行への円滑な協力が一義的な課題となる。柳条湖事件の報道が伝わるや、彼は「新興ドイツ魂」を読み、各地で「大盛況」の講演をこなした。一一月に入ると、新発田連隊区でつくられた満蒙権益擁護会に呼応して、長岡市に国権擁護会を設立するために奔走した。(4)満蒙問題市民大会が開かれた満員の公会堂で「熱弁を奮」い、各地の青年団に呼ばれて満蒙問題について講演した。そして市民の戦争熱が高まったのを見て、飛行機献納運動に取り組む。一九三二年一月、反町はできるだけ多くの市民から献金を得ることで運動が進むよう手を尽くす。山本五十六海軍少将・鈴木荘六帝国在郷軍人会長など反町と親しい軍人が、軍部との橋渡しをした。ほぼ二か月間の運動で四万円以上を集め、陸軍に愛国一号を献納、残りの金で海軍に装甲自動車を寄付した。

長岡市民の「満州事変」熱を受けとめる形でなされた運動によって、その中心になって活動した青年団や在郷軍人会は前にも増して社会に広く認知されることになった。それに比例するかのように、反町は市長候補に推されるなど、長岡市のなかで重鎮として一目置かれるようになる。反町は、一九三三年三月に県下の在郷軍人会員や青年団員を引率して、「満州」の郷土部隊の慰問に出かけた。

盧溝橋事件後は、講演回数もとみに増した。一九三八年の一年間の講演回数は二〇八、聴衆は一〇万一一五〇人にのぼったという。(5)彼は、「ヒットラーの演説要旨を耳をそばだてて聞」きつつ、挙国一致して戦争に協力するよう心血をそそいだ。国民精神総動員運動の委員会で新潟第一の富豪といわれる白勢量作が不忠の態度をとったと「痛棒」を加えた。(6) 北越新報社主催のオリンピック大会を見て「斯くの如き西洋かぶれの運動は中止して、日本精神による運動をなさざる可からず」と思った。新体制運動について「国民が一億一心いかなる困難にあうとも断固として行はさる可からず」と市民を鼓舞した。(7) なお反町は、一九三〇年四月に新潟県青年団の副団長になっていたが、一九四〇年五月には団長に就任している。

2 銃後体制の公空間

既成政党の影響力の後退の中で、県政の運営のためにどのような新たな枠組みがつくられていくのであろうか。銃後行政の実態を探りつつ検討しよう。一九三七年七月に勃発した盧溝橋事件をきっかけとして日本と中国は全面戦争に突入し、県民の生活は様々の変化を余儀なくされた。本格的な銃後県政がスタートし、市町村を巻き込んだ国民精神総動員運動も始められた。政党や社会集団、農民組合等あらゆる組織や運動が、戦時体制推進という至上目的に従属するよう強制された。県下の産業全般も厳しい統制の下に置かれ、生活が立ちゆかなくなる中小商工業者や農民も増加した。教育・文化への統制や画一化も一段と深まり、県民は徐々に窮屈な生活を強いられることになった。

戦時体制に移行するなかで取りあえず必要になったのは、出征兵士の援助と残された家族への扶助、遺族の慰問を遺漏なく行うことであった。関屋知事は、官民一体の新潟県銃後会を設立することで、この課題に答えようとした。八月二五日、知事が呼びかけ人になって県下の市長・町村長・町村会長・医師会長・農会長・新潟商工会議所会頭等に出席を求め協議会が開かれた。だが席上木村長岡市長や横山新潟市長代理助役などから、銃後会は県の組織とせず、市町村を単位とすべきであるとの強い意見が出された。すでに日中全面戦争勃発直後から、柏崎町・新発田町・水原町等で銃後後援のために軍人後援会や皇軍後援会が結成されていた。これを県の組織とすると、市町村から一律の拠金を集め、その見返りも一律とならざるを得なかった。富裕な市町村は、独立の財源による独自のきめ細かな銃後後援を求めていた。結局知事の説得に木村市長等が譲歩し、市町村側から二〇万円を拠出することで折り合うことになるが、この対立は実際銃後体制を整えようとする場合、その執行主体としての市町村側の思惑を尊重することなしには実行できないことを示していた。関屋知事は、もし県銃後会が設立できないような事態になると、自己の政治責任になると認識していた。[8]

このような市町村側の強い姿勢は、防空体制を整備する場面でも見られた。一九三七年九月二四日、県庁で第一回の新潟地方警備協議会が開かれた。同会は、陸軍の総動員警備の必要から作られたものだけに、その構成員も一九人中一一人が軍人であった。陸軍がめざしたのは、新潟地区防衛隊司令部と新発田・高田の連隊区司令部が県下の警備の主導権を握ることであった。協議会の構成員である新潟鉄道局・新潟放送局・新潟郵便局・警察部警務課と協力して、新潟県の防空警備体制を作ろうとしたのである。だがこの年に成立を見た防空法は民間人による防空体制の整備を第一義とした。[9]

その間事実上総動員警備の体制づくりを担ったのは、一九三四年六月以降に県下各地で結成を見た町村防護団や旧来の消防組であった。七月には大々的な防空演習が実施され、各地で防護団等が活躍した。[10] 関屋知事は、一一月一日の県下への防空実施命令にともない、それらを統合して県防空委員会を設置した。同委員会の会長には知事が就任し、県議・市長・日石社長・新潟電力社長・町村長会会長・医師会長など各界代表が参加した。

しかしこのような銃後体制の整備にもかかわらず、県民の戦意は緒戦の勝利による一時的高揚の後、急速に冷えていったようである。とくに一九三八年五月の徐州作戦後には厭戦気分さえ生まれつつあった。県の調査によると、「事変に対処する熱意は事変勃発当時に比較するに表面上一般に減退しつつあるやに認め」られた。物価が急騰し、県民生活に大打撃をあたえたため、戦争の終結を望むものが「相当あるやに認めら」れたという。そのため軍部や県当局は戦意高揚のための諸行事を連発しなければならなかった。一九三八年七月七日には、「支那事変勃発一周年記念事業」が新発田連隊区司令部と新発田町の主催で企画された。招魂社陸軍墓地参拝、愛国行進、一菜主義、一戸一品献納等の諸行事が、在郷軍人会や婦人会・皇軍後援会等の各種社会団体の主催で行われた。北蒲原郡築地村では、この日小学校で一周年記念式が開かれ、国旗掲揚や青年会・小学校児童の一品献納、各字毎の神社祈願祭が催された。(11) 県は一〇月一一日から一週間を銃後後援強化週間とし、婦人団体や教化団体を糾合した一大運動を進めた。ただ行事の内容はそれまでと同様で、白山神社での武運長久祈願祭、出征将兵への慰問袋・感謝文・慰問文の発送等であった。在郷軍人会高田支部は、漢口侵攻に際して大々的に旗行列や提燈行列を行うよう指示した。一〇月二五日には、漢口陥落にあたり管下在郷軍人会・国防婦人会に長期戦の覚悟を訴えた。同日の新潟新聞も、「漢口陥ちても戦ひは終らず　祝賀行事を県から警告」との見出しで、県民に戦意の持続と高揚を求めた。(12) しかしこのような一方的な諸行事の押し付けだけでは県民の士気を鼓舞することは出来なかった。

そこで一九三九年には警防団と市町村銃後奉公会を再編・新設することになる。それまで地域社会の消防活動を担っていたのは消防組であった、県下には一九三七年末で三四九組、組員総数六万五〇七七人の公設消防組があった、私設のものも含め、これらの消防組が市町村や区の消防組織として機能していた。戦時体制が整うにつれ、消防組と先に防空訓練のために作られた防護団との任務上の境界がつきにくくなっていた。一九三八年五月に開かれた県消防組頭大会では、両者の合体を主張する革新派と、共存を唱える現状維持派とが対立したが、なお後者が優勢であったという。[13]このような防護団と消防組の矛盾を解消し、組織に法令上の根拠を与えるため、一九三九年四月一日に警防団令が施行された。両組織は統合され、団員数二三〇万人の全国組織になった。県下でも同日中に、一村を除く四〇二町村に設置された。団員数一四万七〇〇人と、消防組の二倍以上になった。五月以降は、この警防団によって防空訓練が実施されていった。

県銃後会も町村を単位とする銃後奉公会へと編成替えされた。銃後会発足時に市町村側から出された地域組織中心主義の考え方が、実態に即して改めて受け入れられたと見ることが出来る。市町村は、戦時体制推進のための中核的組織として期待された。

第二節　山古志郷

1　兵力動員

戦争の直接的影響という面では、一家の大黒柱が兵士として突然応召になることほどつらいことはなかった。それまで「国家の恩恵」をさほど受けなかった村人にとって、というよりむしろ国税などの納入により国にひたすら尽くしてきた人々にとって、国のために「忠義」を尽くす場が用意されたのである。もちろん村人は、颯爽と出征していった。しかし、そこでは「国のため」という大義名分と、残された家族に後髪をひかれる思いとが複雑に交錯していた。

山古志郷全体での応召の状況はわからないが、竹沢村役場文書に「歓送日記」が残されているので、同村についてはその推移を追うことができる。[14]山古志郷は新発田連隊の管轄区域で、仙台に司令部がある第二師団の傘下にあった。したがって多くの兵士は、第二師団に属した。なかには近衛師団に入る人もいた。

すでに「満州事変」期の一九三一年の三月と三二年二月に一人ずつ応召していた。このとき応召者は、「非常に短時間なるにも拘らず予てより家族に対し軍人は何時たるとも出征す可きものに付き、応召後の家整の一般を申し置きたる事とて下令と同時に出発した」という。兵事事務担当者はこのことについて、「軍人精神を遺憾なく発揮せられし事は他の模範と認められたり」とほめたたえていた。

日中全面戦争の勃発にともなう一九三七年八月の動員の通知は、一四日午後一〇時四五分に、長岡警察署長から届いた。第二師団第五動員として同村の後備役陸軍上等看護兵宛の召集令状であった。八日後、本人はあわただしく仙台市にある歩兵第四連隊に入営した。

二五日午前三時三〇分、つぎの動員予報を受けた。兵事主任は直ちに小使にたのんで村長をよんでもらった。村長は午前四時一〇分に参庁した。午前七時、第二師団第十動員令状四通、近衛師団第二一動員令状一通がとどいた。直ちに使者を出して連絡し、五日後の三〇日には五人とも入営した。前者は高田市にある独立山砲兵第一連隊に、後者は千葉県千葉郡都賀村の鉄道第一連隊であった。

こうして長い戦争の間、ほとんど毎月にわたって絶え間なく続く動員が始まった。日中全面戦争勃発直後の八月に七人、九月に六人、一〇月に二八人と、三か月間に三一人の動員があった。以後一九三八年には一三人、三九年には一一人、四〇年には五人と、徐々に減った。しかし太平洋戦争勃発による新たな状況のなかで動員数もまた増加傾向に転じた。四一年は二〇人、四二年は二〇人、四三年は七人、四四年は三八人、四五年の半年間には三四人であった。戦争末期の四四、四五年に一気に増えているのが目立つ。

入営先別にみると、やはり新発田の歩兵第一六連隊への入隊が多く、三九年までは全体の三分の二ぐらいを占めていた。四一年になると、呼称変更によって新発田は東部第二三部隊となったが、その数は減り、かわって高田市の東部第六七部隊、仙台市の東部第三一部隊、舞鶴市の舞鶴海兵団などに分散するようになった。

動員の状況や、入隊後のそれぞれの兵士の軌跡は不明であることが多い。聞き取りによって、いくつかの例をたどることにしよう。一九四一年一二月に、第二二師団歩兵第一六連隊に入隊したのは竹沢村の青木秀敏であった(15)。彼はまず上海に渡り、南京を経て、台湾に行った。つぎに華南へ行き香港をへて当時のフランス領インドシナに入った。それからビルマをめざして進軍したが、途中で終戦となり、タイのバンコクから帰ってきたという。

種苧原村下村の川上六一は、日中全面戦争勃発後海軍陸戦隊として上海に一年、南京に一年いたという。その間主として飛行場の警備にあたった。また一九四二年六月末からは貨物船の警備の任務を帯び、朝鮮の釜山や羅津などに滞在した。四五年七月、朝鮮から日本に向けて出港しようとしたところ機雷にあい船が動かなくなった。船の修理をしていたところで終戦になったという(16)。

戦果をあげて帰ってくると、熱烈な歓迎を受けた。たとえば一九三九年一二月二三日付で東竹沢村長から各区長、村会議員、学校長、軍人分会、青年会、婦人会各役員にあてた依頼状によると、「此度の事変に於て本村の当初応召兵梶金出身五十嵐金治君には中支戦線就中上海戦に参加赫々たる武勲を樹てられ目出度く凱旋の旨入電有之付ては雪中御迷惑様にても永らく皇国のため御奮戦被下候勇士の歓迎方につき前回の例に依て御足労相煩度く此段御願申上候」とのことであり、在郷軍人分会員や青年団員、小学校の児童などを含めて盛大な歓迎会が村の忠魂社前で行われた(17)。

生きて帰った兵士は、村人の歓迎を受け、再び一家の柱として働くことができた。しかし、出征した多くの兵士のうち、少なくない人々が戦死した。山古志郷全体では、日清戦争以来、二七七人が、また日中戦争・アジア太平洋戦争の一一年間にそのほとんどである二五九人が戦死した。竹沢村の出征兵士数が「歓送日記」の通り一八一人であったとすると、その三六・五％にあたる六六人が日中戦争から太平洋戦争の間に戦死した。うち太平洋戦争期が六三人（三四・八％）であるから、同村の応召者の三分の一は、この時期に戦死したことになる。同村菖蒲は戸数一〇戸位であったが、四人の戦死者を出したという。

虫亀の五十嵐シヨの夫富治は、日中戦争勃発直後の九月一〇日に召集令状を受けとり、一六日に入営した[18]。同年の二月一五日に長男が誕生したばかりで、働き盛りの三〇歳のときのことであった。このころは、まだ「からいくさ」で、歓送のときは、立ちふるまいをやり、鎮守様で挨拶をしてから出征した。親戚や村の代表が、旗を持って宮内駅まで見送ったという。このときいっしょに出征したのは太田村で二一人だった。入隊先の新発田連隊の添田部隊は、日中全面戦争の最前戦でたたかっていた。第五師団の作戦を助けるため、山西省の山岳地帯を行軍し、食料不足、衣料品不足に悩んだという。富治はこの部隊で一年間行動し、一九三八年九月五日に戦死した。太田村には、この時期戦死者が多数出ており、二三人にのぼった。一二月のはじめに戦死報をうけとり、三九年一月六日に村葬が行われた。戦死した弟は大阪で教員をしていた。四三年に特攻隊を志願し、神風隊第一三期生として出征、戦死した。また大阪で助産婦をしていた富治の姉も、往診中に爆弾にあたり死亡したという。姉・本人・弟が戦争で死んでしまった。

長男が戦争に動員されるのを東京まで見送った松田ノオは、そのとき長男が「ひどい荒れようで目、口もあけぬようでした。私に思いきれというのだなと思いました……それっきり帰ってきませんでした」と回想している。その長男は一九四四年ニューギニアで戦死した。またノオの次男は海軍に応召となり、潜水艦に配属されたが、四四年に戦死した。[19] ノオは同じ年に、長男も次男も失ってしまったのである。
虫亀出身の一等兵佐藤高明は、一九四〇年五月一七日に湖北省中原の戦闘で戦死した。戦死報が家に届いたとき、同時に戦地からの便りも着いた。一九四〇年六月九日の北越新報には、「戦死公報と共に最後のたより」と題して、その両者が掲載されている。戦死状況の報告は、以下の通りである。[20]
偶々五月十六日田店警備隊に敵襲の急報に接し本隊は警備隊を救援せしめたが出発後間もなく通信線切断情況不明となったので翌十七日朝警備隊長自ら部隊を指揮し再度救援に出動したる処途中砲を有する約六、七百の敵と遭遇寡兵以て衆敵と激戦を交へ敵に多大の損害を与へ警備隊を救援し得たがこの戦闘に於て高明君は遂に右頸部及び頭部に貫通銃創を受け壮烈なる戦死を遂げたものである。
一方「たより」には、「此の便りが着く頃は上等兵となって居ることでせうから晴れ姿の写真でも送りませう」と書きしるしてあった。
当時応召された人を「一銭五厘の人間になった」といった。[21] 一銭五厘とは赤紙の葉書代のことを指していた。ときには幸運にも九死に一生を得る人もいた。五十嵐イノの長男は海軍の駆逐艦に乗っていたが、その船が沈没した。死亡通知が来て、葬儀も行った。その三年後に本人が、ニュージーランドから無事帰ってきたという。[22]
しかしそれは例外であった。ほとんどの場合、村人は戦死報告を受けて、悲嘆にくれた。それが「国の誉」であったにせよ、一家の支柱を失い、何ものにもかえ難い肉親を失った悲しみは、うち消すことはできなかった。

2　翼賛体制

山古志郷の村々にも、早く大政翼賛会支部を作るよう「数次の依命」があった。しかし、これらの村々では、政党が独自に活動する基盤はなかったし、労働団体や農民団体もなかった。そんな村々に、翼賛会を作ることは、組織の枠をひとつ余計に増やす以上のことではなかった。

東竹沢村では「慎重深慮の結果」、翼賛会を結成することになった。一九四一年二月二三日、まず大政翼賛会東竹沢村支部村常会幹部の推薦依頼がなされた。推薦書によると、幹部は、部落会長または部落会役員を兼ねることになっていた。また村常会は、理事会、協力会によって構成され、毎月一五日を常会定例日とした。常会の決定事項は各々の部落会に移され、実行されることになっていた。

実行計画は以下の通りであった。

一、部落農事実行組合を設立す

二、農保険強制加入

三、国民健康保険組合を無医村診療所の設けある村に強制設立下命せらる

実行班を組織し（一組五人以上十人以内を標準として）共同作業に依り各人の耕地面積に従ひ増産割当を行ひ施肥の実体指導をなす、即ち人造肥料は従来の如く各自の気ままに施用量を望まれず堆肥の増産下命となる、桑園の荒廃せるものは此の際廃止せられ跡地に軍用麻の強制植栽制を取らるること、優良桑園は各筆登録制となる(23)

部落農事実行組合は、翼賛会支部結成以前に設立した旨が報告された。そのため、六月になって挙行された大政翼賛会支部結成式のときには、早く登記しないと「各種助成金の対象」にならないとして、組合員や評議員等の人選を急いだ。人選にあたっては、名目にとらわれず「真に指導精神の盛んなる実際的人物」でなければ、何の意味もないと指摘していた。

結成式の時には、四一年度東竹沢村の貯蓄割当も決められた。貯金四九四一円、国債四七二二円、郵便局保険新加入一七五〇円で合計一万二四一三円であった。なお、村への割当総額は四万九四〇六円という膨大なものであった。

大政翼賛会東竹沢村支部の役員構成をみると、いずれも村の有力者で、ほとんどが村議経験者、重立層であった。しかしこれらの組織は、山古志郷では国家が目ざした一元的な政治組織にはなりえなかった。たしかにもはや政党の介在する余地がないという意味では、村の統合組織としての機能を持っていた。とはいえ大政翼賛会東竹沢村支部の一九四一年の活動は、同村への貯蓄割当を何とか消化することであり、各種助成金をもらうために部落農事実行組合を早急に設立することであった。竹沢村の翼賛壮年団長だった人物は、「名前ばかりで手当ももらわなかったし、活動もなかった、翼賛選挙でも動かなかった、毎日兵隊送りで小千谷通いをしていた」と回想している。組織は出来たが、それが直ちに政府の目ざす総動員体制として機能したのではなかった。

そのような状況にあって、村人の願いはやはり生活の維持であり、道路の開墾であった。一九三九年一〇月には、山古志郷五か村の連名で旱害防止施設の設置を要望する「陳情書」が県知事宛に提出された。その年の夏に「未曾有の旱害」をこうむったため「地下三尺に及ぶ大亀裂の田面に生じ」、植付不能になったり、植付後枯れて収穫がままならなかった。秋になって来年のために畔ぬりや田起しをしているが、このままでは「聖戦時下」の食糧増産計画の実行はおぼつかないので、何とか県の助力で横井戸を新設し、堀鑿井堰を新設改修し、溜池も新設復旧するなどの措置をとってほしいと懇請した。(24)

翌一九四〇年も春以降、雨量が少なく、深刻な水不足となった。竹沢村では総反別の四五％が、東山村では六七％が減収となり、植付不能の被害をこうむった。県の対策救援によってしか、この窮状を打破できないとして、再び「陳情書」がしたためられた。

太平洋戦争下でも陳情活動は熱心に行われた。それは食糧増産をめぐる問題と道路開鑿にわけられる。前者については、たとえば四一年には「家畜飼糧特配に関する陳情書」が、一九四三年には、山古志郷唯一の副業である養鯉業の禁止令に対して何とかそれを「解除」することを求めた「嘆願書」が、一九四五年四月には「生産生繭の乾繭処理に付陳情書」が提出された。いずれも政府の食糧政策や経済統制に対して、それでは山古志郷民が生活していけないとして、その修正を求めたものである。

同様に後者についても、たとえば県道栃尾・小千谷線の工事促進について一九四二年と四三年に「請願書」が提出された。戦時体制下にこのような陳情が出されるのは一見奇異にみえるが、むしろ生産拡充、食糧増産、米の供出を行わざるをえないが故に、道路の整備を早急に実現しなければならないとしていた。すなわち「戦時体制下国策上運輸力を強化整備し戦勝完遂を絶叫され」るなかにあって、「我が山古志郷の如き道路に恵まれざる険悪なる道路の山間部に増産資源開発、軍用材木、米穀及雑穀類、甘藷、馬鈴薯、蔬菜類等の供出、肥育牛、木炭、養蚕繭、養鯉魚等の産出、搬入等の労力は多大の経費を要し其の労苦に至りては到底他郷人の想像だも及ばざる困難を致し居る状態」であるとして、県道工事促進を訴えていた。この時期も少しずつ改修工事は進められており、「昭和十九年度に於ても改修施行事業を継続進渉方企図せられん事を伏して懇請願」していた。山古志郷の村々にとって、かつて「政党政治」期に政党に依拠することによって果たそうとした道路開鑿の夢は、総動員体制整備の課題として認識され、要望された(25)。

村民の生産と生活を安定させることが、戦争体制の強化のなかでも唯一最大の課題になっていたことを知りうる。

3　翼賛選挙

山古志郷の翼賛壮年団の役員は、翼賛会と重なる人が多いとはいえ、若干性格を異にしていた。村役場の兵事主任も加わっていた。一九四五年の本土決戦段階に結成された国民義勇隊には村の軍人分会教育主任が中心にすえられた。彼は自小作層出身であり、重立でもなく、村議も経験していなかった。戦争体制の進展が、彼のような人物を必要としたのであろう。

山古志郷の各村でも、六月二〇日に翼賛選挙の一環として村議選が執行された。それまでの選挙の旧弊にとらわれず、「征戦完遂の決意を鞏固ならしむる為」に行われたこの選挙の実情はどうだったのであろうか。翼賛選挙自体は、戦時下の国民の総力を集めて、「大東亜戦争完遂の決意」を強めることにあった。またそのために中心になって活動する組織として翼賛壮年団が想定されていた。

東竹沢村では、村議選のための第一回の選挙粛正談話会が三月二三日に開かれた。駐在所の警察官が指導官として立合い、翼賛選挙の大意や違反防止について話し合われた。ここで今回の村議選について、「独立候補者は五月十日迄に役場及駐在所に届出ること」、「適法により推薦せし場合は其責任者は五月十日迄に役場及駐在所へ推薦せる旨を届出ること」が決定された(26)。

しかし、五月一〇日までに独立候補も、推薦による候補も届出がなかった。村長は、五月二五日付で、「大東亜戦争完遂翼賛選挙貫徹懇談会及村会議員選挙懇話会」を五月三一日午前七時から開く旨の通知を出した。宛先は、各区長・翼賛会関係役員・村会議員・各学校長・軍人分会長・婦人会長・重立であった。

五月三一日、梶木校で予定通り村議選の協議会が聞かれた。村会議員・区長・校長・軍人分会長ら四〇人が出席し、村議選の推薦母体や翼賛壮年団による啓蒙運動などについて話し合いが持たれた。はじめは、推薦母体としての選考会は「部落の臨時常会」で「各部落より」選定する委員と、翼賛会支部役員・各種団体長にしたらいいのではないかという案が出た。それに対し、いまは農繁期であり「村長の指名に一任せんとするの意見多数」となった。村長は、みんながそう考えるなら助役と協議して決めることにしようとのべ、「慎重審議」に入った。選ばれた選考会委員は、地域代表が一〇人（前または現村議・区長・増産共励委員）、教育会長、産組専務（元村長・村翼賛会理事）、郷軍分会長、警防副団長、村農会総代、村翼賛会理事の計一六人であった。最初の案に沿った人選であった。違うのは各区に持ちかえってそれぞれ選出するか、村長が指名するかという選出の形式であった。自主性を尊重すれば前者になるが、それでは手間と時間がかかる。猫の手も借りたい農繁期なので、手間を省いて村長の指名に落着いたのである。

続いて六月六日、村役場で選考会が聞かれた。議長の私案として地区ごとの人数を決め、それをそれぞれの代表から推薦してもらうという案が出された。区ごとの人数の割当について若干の応酬があった後、梶金二人、大久保二人、木篭三人、小松倉三人、芋川二人の計一二人とすることになった。各区不満はあるだろうが、それは次の選挙で調整することとし、休憩後各区の委員から候補者の名前が提出された。一二人中新人が半数の六人を占めた。翼賛会の村委員も七人いた。そのひとりは自小作層であり、警防団長の候補も同様であった。

結果は、六月七日告示の翌日、選考会議長名で全有権者に知らされた。独立候補の立候補もなかったので、選挙は信任投票として行われた。有権者二六二人中投票人員二二二人、棄権は四〇人であった。この選挙経過について村当局は、「時局認識を深める互譲精神を涵養し従て良結果を収めたり」と報告した。

第三節　六日町

1　六日町議会

既成政党との関係では威力を発揮した選挙粛正運動であったが、その実質的活動基盤を部落懇談会に求めたことに示されるように、現実には市町村や区での取り組みが運動の成否を握っていた。古志郡深才村長は、既成政党の枠がはずれたところに無産政党が入り込んだことを憂えた。一方南魚沼郡六日町ではちょうど第二次選挙粛正運動が行われた同じ時期に、町議会を舞台として住民生活をめぐる行政方針の当否が議論されるようになった。新たな状況を主導した旧自治研究会グループは、総力戦体制期には町行政の主導権を握るまでになる。そこで、その前提となった六日町の状況にふれた上で、一九三六年の町議会をめぐる動向について探ることにしよう。

第二章で紹介したように、山口千代松が見込んだ青年たちに自治論を講じた自治研究会・三読会の時期を経て、彼ら青年たちが実際に六日町地域の諸問題の解決を求めて積極的な活動に取り組んだのは一九三三年ころからである。その第一歩となる事件は、同年八月の金比羅神社秋季例祭における厳粛な神輿の行列の際に、ひとりの警官がシャツのままで旅館の二階で観ていたのを何度も注意したところ聞かなかったので青年達が小石を投げたことに始まる。警官は激怒し、四〇人余の青年を六日町署につれていき、過酷な取り調べを行った。目黒町長が仲介して事件は一端おさまったものの、青年たちや町民は「立憲治世下における官憲としては余りにも遺憾の点が多かった」として、三一二人の町民連判状と一一三人の青年会支部員の署名簿を携えて知事に陳情するに至った。平賀錬二や岩野良平など自治研究会のメンバーが陳情者となった(27)。目黒町長・佐藤消防組頭らも県庁に陳情に行くなど町ぐるみの取り組みとなった。警察側は態度を変えなかったので、ついに六日町消防組幹部が総辞職するという事態となった。事件は六日町警察署長の交代と、新署長による謝罪で収拾された。この一連の陳情活動の中心になっていた平賀らへの町民の評価が一気に高まった[28]。名望家中心の町政にあきたらない町民の気持ちが、青年たちへの喝采の気分と結びついたようである。

第二は、これが実質的役割を果たしたのだが、一九三四年ころから六日町周辺で起こった小作争議に青年層が深く関わることになったことである。このとき六日町の大地主高橋家が所有耕地の多くを売りに出したので、小作人たちが困って快蔵院住職の雲尾東岳に相談を持ち込んだ。その対策をめぐって毎晩のように開かれる会合の場に、平賀錬二、岩野良平、内山徳松らがいた。農民組合をつくって土地売却に反対する取り組みを進めることになり、一九三六年一一月に上部団体に所属しない単独組合として六日町農民組合が結成される。スローガンの最初は耕作権の確立であり、これに中条郷などで一九二〇年代に小作争議の出発点となった三丈米と同じ「ノリ米の廃止」などがあげられた。一九三六年から三八年にかけて六日町周辺農村では、ノリ米廃止と小作料減免をめぐる小作争議が三〇件以上起こる。

これらを背景として、一九三六年の六日町会議員選挙で、岩野良平、雲尾東岳らのグループから六人の当選者が出た。自治研究会の流れをくむ農民組合系の候補六人が当選したのである。町議会が開かれると大挙して傍聴人が押しかけた。傍聴券は三〇人分しか配られなかったが、入場したあと傍聴券を二階の窓から下の通路に投げて再度使ったので、傍聴人は五〇人にもなったという[29]。

七月三〇日に開かれた町議会では、滞納町税の実態と町税徴収方法、伝染病院の諸費用支出の適否について、区長推薦の方法について、水害罹災者救助の方法、などをめぐって質疑がなされた。九月四日には、社会事業協会六日町助成会の活動内容、前年度の水害義捐金の配給状況などについて質問があり、持ち越しとなった。九月二五日の町議会では、水害義捐金をめぐって、配布決定後に申し出て認められた分をどこから支出したか、相当地位のある者がなお十数俵を残したままにしているなどの疑念があるとの質問があり、町長の責任が追及された。一二月一七日には、道路補修などの追加予算の適否が議論された。「近尾川橋は自動車交通に危険にして応急措置を要するに付町道維持費に尚十五円の増額を望」むという案に賛成した自治研派の岩野議員の発言にふれて、同派ではない議員から「吾々町会議員は何字の選出であると云ふ観念にとらはれず、等しく町の議員として飽迄公平に且つ協力一致して町政の為めに尽したい」との発言があった。町議会での彼らの位置を知ることが出来る。[30]内山徳松の回想では、一日も欠かさず町議会の傍聴に行ったが、議会が開かれるときには岩野・川上町議と問題点の打ち合わせを行い、質問事項を決めて臨んだという。[31]

このような改革派の攻勢に嫌気がさしたか、目黒町長は一二月二〇日に辞表を提出し、次の町長には、改革派に比較的理解のある前町長の中俣広義が就任した。

六日町では改革を求める旧自治研究会グループが議会に登場することで、一九三六年の選挙粛正運動のさなかに地域や住民生活に正面から向き合おうとする新たな町村運営が模索されることになった。

2　翼賛体制

六日町の翼賛体制は、中核部隊としての翼賛壮年団が活発に活動したこと、食糧増産などの総力戦遂行のための課題に積極的に応えようとしていたことなど、極めて活動的な体制であったといえる。にもかかわらず以下においての検討するように、その内部に分け入って跡づけてみると、むしろこれまでの事例とは異なった相貌が見えてくる。

第一に、町議会の機能は低下しなかった。第二に、日中戦争以前から町議会に登場した青壮年層が町行政の中核的担い手となった。第三に、翼賛体制推進者としての役割を積極的に担った上でのことであるが、彼らは公空間の維持に腐心した点で際だっている。

まず町議会である。六日町議会が一九二〇―三〇年代を通して活発な実質的議論を戦わせていたことは先に見たが、戦時体制下においてもその動向は続いた。その背景を探ることから始めよう。一九四〇年の同選挙でも、岩野や雲尾ら五人が当選した。彼らは町議会では多数派だった訳ではないが、議論のなかで住民生活の維持という観点からより妥当な解決策を追求した。

町議会における活動を基盤として、町長をより自分たちの考え方に近い人物に交代させることが可能となり、その結果町行政のイニシアチブを握ることになった。すなわち一九四一年一月から、彼らにかつがれて遠藤捨四郎が町長に就任していたが、翼賛会・翼壮の指導をめぐり町議会が紛糾し、一九四三年四月には辞職してしまう。後任選びが難航するなかで岩野良平町議らが相談し、六日町出身で長岡市助役の任にあった今成幸一を迎えることとした。同年九月に開かれた町議会で、満場一致で今成を町長に推薦することが決まり、一一月に着任した。(32)

六日町議会は、「決戦体制を樹立し、以て戦局に呼応せる皇国自治体の確立」を決議する一方で、食糧増産、住民医療、保育所などをめぐって具体的な施策を町当局に迫り、今成町長の指揮の下でその実現をはかろうとした。一九四四年二月、一〇月、一二月に開かれた町議会と、その間の町行政の動向を整理しよう。

彼らの考え方を集約的に示したものとして、二月一九日に開かれた町議会で、中俣・若井・児嶋・戸田・雲尾の五人により建議された「厚生事業協会（仮称）設立について」がある。その柱のひとつは、労働力不足の折りに食料増産に貢献するためには町当局が中心になって場所を選定し、「農繁期季節保育所（託児所）」を設置すべきであるとする。これとは別に岩野からは、町部にも保育所を設置すべきだとの提言があり、雲尾から保育所への補助金の増額を求める発言があった。それに関連して農繁期の共同炊事を町として工夫しながら推進すべきだとも述べている。

もうひとつの柱は、各種社会団体の厚生活動を体系化し、活性化すべきであるとの意見である。国民健康保険組合、体育協会、文化協会を活性化するとともに、方面委員会、銃後奉公会と町内会・部落会、農事実行組合を有機的に結合して共助の体制を整えなくてはならないとした。

一方一〇月に開かれた町議会では公共製炭をめぐって質疑があった。一二月議会では女学校の学級増案が検討された。雲尾議員からの保育所への補助金交付の要請に対して議長（町長）は同感だとし、農業会等と連携して進めたいと答えている(33)。

このような六日町議会の動向は、町行政の指導権を青壮年層中心の改革派が握った結果であった。第一に、翼賛壮年団長の今成拓三が今成幸一町長実現の推進力であったことに象徴されるように、町の翼賛体制推進を担った人々は改革派のそれに重なっていた。六日町翼賛壮年団は、南魚沼地域における中核的団として注目される存在であった。全国翼賛壮年団は地域における翼賛壮年団の模範と位置づけ、シリーズで刊行した『翼賛壮年団叢書』の第一号で六日町翼賛壮年団の活動を詳細に紹介した(34)。

第二に、食糧増産を担う中心組織である農業会の会長は今成町長、常務理事は町会議員の岩野良平、指導部長は内山徳松で、いずれも改革派であった。第三に、町議会で岩野に次いで発言の多かった雲尾東岳は、この時期の小作争議や農民運動の指導者のひとりであり、かつ自分の寺で保育園を経営していた。彼は敗戦直後に六日町長に就任する。

この時の六日町議会における議論は、総力戦推進のためという大義名分を前提としながらも、生活の維持という課題に向けられていた。第一に、食糧増産や町財政の危機回避のための具体的措置が検討され、その実施が模索された。第二に、労働力不足を女性の職場への進出により切り抜けるための措置が進められた。他の市町村でも同様の取り組みがあった。石山村では一九四一年一一月の大字上木戸の常会で、深刻な農業労働力の不足に対処するため、「部落内のお寺様、会社員其他農家以外の御婦人は家庭事情の許す限り適材適所農作業の手伝ひをお願ひすること」になった。[35]一九四三年三月の新潟毎日新聞紙上の座談会「翼賛化する農村」によると、この時新潟県で共同炊事を行っていたのは一八〇か所で、一年間に二千か所に増やすのが目標であったという。

これらの組織や人脈、取り組みは戦後の地域社会の再建のなかで改めて活かされることになる。

おわりに

一九四二年三月、地方長官会議で挨拶に立った湯沢内務大臣は、「時局の推移は行政の領域を拡大し、今や国民生活の各分野はことごとく行政の関与するところになった」と訓示した。[36]同じ三月に開かれた潟町村の常会で村長は、「政治が事務を支配すべきを事務が政治を支配する傾向あるは深く戒むへきである」と指摘した。[37]

たしかに地域レベルで見ても既成政党の政治的影響力は選挙粛正運動を経て低下し、行政側に主導権が移ったことが確認できる。また翼賛会等の地方組織が整備され、翼賛壮年団が選挙に介入する状況が生まれた。

だが行政の優位という事実が、必ずしも国家による強制的同質化の完成を意味したわけではない。総力戦の進展にともない翼賛体制が全面化したとはいえ、中央権力や内務省が一方的に指導権を握ったということではなかった。少なくとも地域社会においては、市町村の権限が強化され、場合によっては町村議会が機能を発揮することさえあったことはこれまで考察してきたとおりである。であれば総力戦体制下の地域社会においても、極めて限定的ではあれ生活自治を追求しうる可能性は残されていたといえよう。

注

(1)「深才村長日誌」一九三三年一月二八日条。以下深才村長についての記述は「深才村長日誌」を用いる。同日誌は、元深才村長遠藤倉治がしたためた四四冊の日誌である。その概要については、拙稿「深才村長日誌―恐慌と戦争のなかの深才村―」(『長岡市史双書　深才村長日誌』長岡市、一九八九年)参照。九四頁。
(2) 広瀬彦太編『山本元帥・前線よりの書簡集』(東兆書院、一九四三年)一〇五―一〇七頁。
(3) 反町栄一についての記述には「反町栄一日記」を用いる。反町栄一については拙稿「反町栄一と近代の長岡」(『長岡市史双書　反町栄一日記』長岡市、一九九五年)参照。
(4) 同前、一九三一年一一月一〇―一一日付。
(5) 同前、一九三八年一二月二三日付。
(6) 同前、一九三九年六月一二日付。
(7) 同前、一九四〇年一〇月三〇日付。
(8)「関屋延之助日記」一九三七年八月二五日条(「関屋延之助文書」所収)。
(9)「警察部警務課事務引継書」(関屋延之助文書所収)。
(10)「新潟県防空演習記録　昭和九年」(新潟県、一九三五年、新潟県立図書館所蔵)。
(11)「事変下ニ於ケル各種実情」(「関屋延之助文書」所収)。

(12)「漢口攻略ノ際ニ於ケル催物、行軍等ニ関スル件通牒」(「昭和十二年七月　日支事変関係書類」所収、『新潟県史』資料編近代四、一九八四年)六九一－六九二頁。
(13)「新潟新聞」一九三八年五月一一日付。
(14)竹沢村「歓送日記」(一九三七年、旧竹沢村役場文書)。
(15)青木秀敏氏談話(一九八二年一一月一三日聴取)。
(16)川上六一氏談話(一九七八年八月二八日聴取)。
(17)「東竹沢村長発各区長、村会議員、学校長、軍人分会、青年会、婦人会各役員宛依頼状」一九三九年一二月二三日(旧東竹沢村「昭和十二年四月起　庶第二号文書発受綴」所収、旧東竹沢村役場文書)。
(18)岡本米松氏談話(一九八二年五月一〇日聴取)。五十嵐ショ氏談話(一九七八年八月二六日聴取)。
(19)松田ノオ氏談話(一九七八年八月二七日聴取)。
(20)「北越新報」一九四〇年六月九日付。
(21)五十嵐新五郎氏談話(一九七八年八月二七日聴取)。
(22)五十嵐イノ氏談話(一九七八年八月二十七日聴取)。
(23)東竹沢村「事業報告書」一九四一年(松井甚四郎家文書)。
(24)東竹沢村「庶務綴」(関正史家所蔵)。
(25)竹沢村役場「大正十四年起　陳情願ニ関スル書類綴」(旧竹沢村役場文書)。
(26)東竹沢村「自昭和十七年　選挙ニ関スル文書綴」(旧東竹沢村役場文書)。
(27)「新潟新聞」一九三三年九月一六日付。
(28)平賀錬二「自治研と私」(一九七二年一月稿)六八－七九頁。
(29)同前、一一九－一二〇頁。
(30)以上の議事については「昭和十一年　町会々議録　六日町役場」所収(南魚沼市役所所蔵)。
(31)内山徳松『私の半生記』(上村印刷所、一九八五年)二九頁。
(32)「昭和十八年　会議録綴　六日町役場」(南魚沼市役所所蔵)。

(33)「昭和十九年　会議録綴　六日町役場」(南魚沼市役所所蔵)。
(34) 大日本翼賛壮年団本部編『団運営の実際（二）新潟県六日町翼賛壮年団』(大日本翼賛壮年団本部、一九四二年)。
(35)「昭和十六年十一月五日　常会だより」(「石山村報」二一五号、復刻『石山村報』下巻、新潟市合併町村史編集室、一九八二年）六二〇－六二二頁。
(36)「湯沢内務大臣訓示要旨　昭和十七年三月四日」(「地方長官警察部長会議関係書類」米軍没収資料マイクロフィルム所収)。
(37)「第十五回潟町村協力会議　昭和十七年三月二十四日」(「大政翼賛会潟町支部協力会議（村常会）日誌」、旧大潟町役場所蔵)。

終　章

一　公空間

近代日本において地域社会の公空間を支配したのは、いうまでもなく天皇制的秩序と地方自治体制であった。しかしその同じ公空間をめぐって、それと競合しつつ様々な模索があった。その足跡をたどることは、日本の近代が持ったいくつかの可能性を振り返る上で大切である。

近代初期に佐藤良太郎が追求したのは、地域社会が自治を担うためには諸課題に自律的に取り組むことを基本的な姿勢としなければならないということであった。政党が地方的利益を優先すると、地域相互の利害が対立してしまい適切な政策が選択出来なくなることを恐れた。その一方で清水越新道に多額の国費を費やしながら修繕費を支出しない政府を批判した。山口千代松は、内務省・府県・郡によって一方的に指揮・伝達される中央集権的な地方自治制の下で、法に基づかない行政が行われていることを強く批判し、それを正すために行動した。

日清戦後の古志郡における公空間は、町と農村との利害対立を争点として争われた。中小都市長岡が市制への移行にむけて一体性を作り上げていく過程では、旧町側と組み込まれる側との住民生活にかかわる調整の問題があった。一方まず道路整備事業に取り組んだ東京のような大都市では、コレラの大流行などに直面して上下水道の整備重視へと転換し、都市公営事業論が主唱されるに至る。しかし電車賃値上げ反対運動などが展開されつつも公共事業への見方が変わり、公空間をめぐる争点も新たな枠組みへと移動した。

大正デモクラシー期以降になると、地域社会の公空間の対立点のいくつかは公共負担の平等や地域格差是正などに向けられた。電気料金値下げを求める諸活動や雪害救済運動が起こった。その一方で中山間村の山古志郷では道路開鑿が、他地域と同様の「文明の恵沢」を受けるための最優先の課題と考えられた。

しかし総力戦体制期には、地域社会の公空間は戦争協力一色になった。兵力動員・食糧増産・金属等供出・防空警備などへの地域住民の献身が強く求められた。

二　生活自治

地域社会の公空間を支配していた地方自治体制の枠組みは、近代を通してほとんど変化がみられなかったものの、住民の生活現実や生活向上への期待に即して次第にその実質を修正せざるを得なくなった。住民は公空間をめぐる競合のなかで、必要に応じてそれぞれの価値観さえも修正しつつ、地域の諸問題に取り組んだ。

住民が自らの生活を地域の自治を通して自律的に組み立てるという考え方がはっきり登場するのは、日露戦後から大正デモクラシー期にかけての時期である。布施辰治などが、そのような認識を強く抱いた。以後生活自治を求めての活動が本格化する。

ただそれ以前でも、たとえば佐藤良太郎は住民の生活にかかわる貧富の問題を通して自らの価値観を修正し、やがて足尾鉱毒救済運動に献身することになった。また山口千代松も町長として住民の税負担の不均衡を是正することにより生活困窮者を救済しようとはかった。長岡市制の施行に向けて住民が意志を統一するためには、事前に町税賦課問題や水道敷設問題を解決する必要があった。これらの事例は、日露戦争期以前においても生活自治をめぐる問題が横たわっていたことを示す。しかしそれらは生活に即した問題に直接対応するなかで様々の解決を求めたものであり、大正デモクラシー期以降のように生活問題の解決のためにみずから課題を設定しつつその担い手として活動するという主体的かつ社会的なひろがりを持つものではなかった。

布施辰治が求めた生活自治とは、すべての住民がほどほどの生活を営むことが出来るよう自治的に活動する状態を指した。そのためには住民自身が生活問題を自治的に解決する役割を担い、規律と節制をともなって社会や政治に関与することが求められた。布施が代表になり借家人同盟を結成したのは、大都市の住民にとって借家人の権利を守ることが最大の懸案であると認識したからである。同様に農村では小作農民の小作料減免や小作権獲得が必要であると考えられた。また山村では入会慣行や「ゆひ」の伝統などがそれにあたるのであった。

電気料金の値下げ運動や雪害救済運動は、公空間をめぐって争われた典型的な事例である。不況下に生活の困難を余儀なくされた住民は、電気料の価格が不当であると感じた。地域社会において様々な手段を駆使して課題の解決のために活動し、一定の成果を得た。値下げ運動を通して、住民の生活を守ることが目ざすべき生活自治の課題であることを多くの住民が実感した。

住民は降り積もる雪を雪害と認識し、他地域と比較して諸税負担等が過重であると考えた。その解決のために政府が尽力すべきであるとして、様々の取り組みがなされた。それらの活動の過程で、住民がそれまで持っていた価値観のとらえ直しが行われた。妥当な電気料金や正当な地方税のあり方が模索された。それは一般住民においてばかりでなく、県市町村の行政担当者、商業会議所や商工会、青年団や住民組織のそれぞれにおいても見られた。電気料値下げや雪害救済問題の解決を模索するなかで、行政を含む多くの社会組織がその価値観や行動のあり方を見直す必要に迫られた。変えられないものもあったとはいえ、雪害を地域格差是正の問題として位置づけたり、車税を撤廃するなどいくつもの改革がなされた。山古志郷では、道路開鑿の予算を要求するのみではなく、住民の自営工事によって道路を少しずつでも延伸するための努力が積み重ねられた。

総力戦遂行を前提としていたので、そこにさらに検討すべき問題があるとはいえ、公空間が戦争協力に独占された時期においても、生活自治を求める諸活動があったことに留意したい。

三　議会の機能

近代日本の公空間をめぐってはこれまで整理したような、多彩な取り組みがあった。その過程で議会が重要な役割を果たしたことに改めて注目せざるを得ない。実は地域社会の公空間をめぐる競合において、しばしば県市町村議会がその機能を発揮した。住民が公空間に向き合う際に、多くの場合行政側の指揮・伝達や一方的な報道が利用される。だがそれらの情報は、住民にとって必ずしも信頼出来るものでない場合がある。地域の課題についての議会の審議は、公空間における争点を認識する上で格好の目安となりえた。その審議過程が広く地域社会の住民の目に触れている場合、もっとも機能しやすかった。

たとえば第二章で見たように、郡制の施行に伴い成立した南魚沼郡会の審議状況が、そのとき創刊された越南新報によって刻々と伝えられた事例がそれにあたる。郡会における議員の発言状況や郡長の方針などが逐次明らかになり、住民はそれに対する対応を選択することができた。その結果住民は山口千代松を郡会議員に推し、やがて彼は六日町長に選ばれることになる。

第三章で紹介した古志郡会の場合も公開性ということでは同様である。この場合は長岡町選出の郡会議員と農村部選出の郡会議員との利害が正面から対立した。六か町村合併後の町議会では中心部と周辺部の議員が町税賦課問題について争ったが、その対立が周知されていたからこそ反対町民が結束して町税滞納戦術をとることが出来た。

新潟県議会における議論は、精粗はあるものの論点はその都度新潟新聞等に掲載されていた。議事速記録は印刷物としてまとめられたが、一般住民の目に触れる機会はほとんどなかった。第一章で紹介した佐藤良太郎の発言は一県会議員の事例である。初期県会では、郡長公選論などをめぐって地域と自治に関わる真剣な議論が展開された。東京市議会では、とくに電車賃値上げ問題や電車市営論に関する議論の帰趨が問題処理の鍵を握った。電気料問題や雪害救済問題も、議会における議論の推移が喫緊の焦点になっていた。運動は、市町村議会や国会での審議日程に合わせて取り組まれた。住民組織は行政側に問題処理をゆだねるのではなく、議会を含む当事者に継続的に働きかけた。雪害救済問題では、新潟県会と帝国議会の場が議論をたたかわせる主要な舞台となった。そこでの論戦の展開のなかで、雪害認識が深まり、地租軽減など多様な対策の必要性が認識されるようになった。

山古志郷の場合、村会議員は事実上区の代表だったので、公空間をめぐる議論が村議会で行われた訳ではない。重立による階層的秩序が維持されているなかでは、村の維持や存亡がまず大切であると認識された。一方六日町では、地域の課題を町議会で議論するという経験が継承された。総力戦体制下でも生活自治を求めた議論が交換された。

近代日本における県郡市町村議会は、天皇制的秩序に組み込まれつつも、多くの制限の下で住民生活をめぐる多様な議論を展開した。具体的課題に即して問題解決をはかるなど、生活自治の拠点的役割を果たすことがあった。

四　おわりに

人は生を受けて後、その時代の中で獲得した様々な価値観を身にまといつつ日常生活を繰り返す。しかし時代は変わり、それにつれてそれぞれの時代の価値観も変化せざるをえない以上、どこかの時点で何らかの形で価値観の修正を求められることがある。佐藤良太郎は諸書を精読するなかで、あるいは外国旅行においてその機会を得た。山口千代松は村の入会権訴訟に関与するなかで、また郡会における活動の過程でそのことを実感した。自由民権運動における学習結社の活動は、より広い範囲の住民にそのような場を提供したが、それでもなお全体から見れば少数にとどまった。

多くの住民がそのような機会を得られるようになったのは大正デモクラシー期である。このとき議会は、住民にとって公空間をめぐる争点を議論する新たな場として意識されるようになった。議会における議論の過程が地域社会にさらされることで、公空間をめぐる争点が住民に明示された。それらを通して、住民は自らの選択肢を深く検討する機会を得た。住民は自己の価値観に向き合う過程で、どのようなかたちであれ他者の見解を吟味し、選択する機会が必要となるが、そのひとつの場が議会であった。さきにふれたように地域社会の公空間を支配していたのは天皇制的秩序と地方自治制であったから、そこからはみ出す思考や価値観を何らかの形で修正することは茨の道であった。しかし本書で検討したように、近代日本の地域社会において、試行錯誤しつつ自治的な道を模索し実践した多くの住民がいたことも事実である。

こうして近代日本においては、地域社会の公空間をめぐって生活権や生存権、地域格差是正等を求める様々の活動が展開され、生活自治が追求された。アジアの近代史を見渡してみると、このような試みが貴重な歴史的経験だったことがわかる。もちろんそこには多くの問題点があり、その後の経済成長の過程で失われたものもある。にもかかわらずそこからアジア、あるいは地球で暮らす住民が共生・協生して生活を営んでいくためのよすがをくみ取ることが出来よう。

あとがき

いま備忘用のメモ帳を繰ると、二〇〇一年四月二四日の日付で「地域は本来的に住民の日常生活を営むために必要とされる公共的空間としてある」と記してある。この視点に立ってそれまでの新潟を中心とした地域史研究をまとめようと着手したものの、それから七年が経ってしまった。さいわい比較的仕事に集中できる若干の時間を頂いたので、新たに起こした稿を含め、何とか全体に筋の通った形でまとめることが出来た。紙数の関係で予定していたいくつかの既発表論文をはずし、表もすべて削り、一図のみ掲載するにとどめた。必要に応じて、初出の論文を参照して下さるようお願いする。本書のもとになった既発表の論文等は、以下の通りである。

第一章　「佐藤良太郎の面目―自治と人権の追求―」（『むいかまち』二号、二〇〇四年）
第二章　「近代自治論の一系譜―伝統的自治論を転形させた山口千代松―」（『佐渡・越後文化交流史研究』七号、二〇〇七年）
第三章　「長岡市成立の背景―社会勢力の諸潮流―」（『長岡市史研究』七号、一九九六年）
第四章　書き下ろし
第五章　「電気料問題と地域社会」（『越後・佐渡文化交流史研究』四号、二〇〇四年）
第六章　「雪害救済の思想と運動」（『人文科学研究』一〇三号、二〇〇〇年）
第七章　「普選施行前後の地方政治状況―僻村の場合―」（『人文科学研究』五八号、一九八〇年）

「出稼ぎと移民をめぐる一視角」（『新潟近代史研究』一号、一九八〇年）

第八章　書き下ろし

最近になって公表した論文や書き下ろし論文、修正した箇所もあるが、もとになった現地調査や資料収集等はかなり前から進めていたものばかりである。電気料問題を追いかけて富山県滑川市に調査に入ったのは一九七四年のことで、当時大学院博士課程の二年生であった。滑川市役所で行政文書を写真にとらせてもらったり、町内の関係者にお話をお聞きしたことは今も鮮明に脳裏に残っている。一九二七年の電灯料値下げ運動の体験者をいもづる式に紹介していただくうちに、やはり住民による町ぐるみの活動であったことを実感した。

大学院ゼミの調査で新潟県南魚沼郡の五十沢村役場文書の調査を行ったのは、一九七三年の冬であった。雪には子供の頃からなじみが深かったとはいえ、このとき初めて一日に五〇センチから一メートル近くまで降り積もる山里の暮らしに思いをはせることが出来た。

その後新潟大学に奉職し、同時に新潟県史や栃尾市史・見附市史などのお手伝いをするようになった。日本近現代史を担当していたので、学生と一緒に県下の各地を訪れることが多くなった。当時歴史の資料といえば近世以前の古いものと思われていることがよくあって、蔵を開いていただくのに相当時間を要したものもある。近現代史関係資料の分類基準を作成した上で、見せていただいた資料を分類・整理し、目録をつくる作業が続いた。今新潟県立文書館などで閲覧できる資料の一部に、それらの成果のなごりがある。

悉皆《しっかい》調査ということでは、一九七七年からの山古志村での調査を忘れることは出来ない。当時の山古志中学校の寄宿舎を利用させていただいて、二日間から一週間程度の合宿調査を何年かにわたり繰り返した。二十村郷といわれるように、村落がそれぞれ分散している中山間の村で、牛の角付きなどの伝統行事を守っている錦鯉と棚田の村の歴史をどのように書くことが出来るかについて自信はなかった。当時作られたばかりの山古志音頭を口ずさみながら、学生達や村史のメンバーとともにすべての集落を廻り、資料を収集して目録を作成した。旧東竹沢村の役場資料が置かれていたのは大きなスズメバチの巣の先で、悪戦苦闘したことを思い出す。多くの村人のお話をお聞きしたりするなかで、人々の生活を通しての想い、願いを何らかの形で記録しなければならないと思った。当時村は越山会の基盤といわれていたが、そのことをどう受けとめるか考えあぐねた。今の思いは、本書でまとめた通りである。二〇〇四年秋に起こった中越地震によって大きな被害を受けた旧山古志村（長岡市）であるが、村人たちが戻りつつあるのはうれしい限りである。

私たちは次に一九八六年から市史編纂のために長岡市域一帯の悉皆調査を行った。新潟県の真ん中にある長岡市は戊辰戦争で官軍に抵抗した河井継之助で知られるが、情の厚い豊かな文化をもつ城下町であった。あれこれ資料を読み進むなかで、地域の発展のために苦悩する人々の咆哮が聞こえてきた。農山村とは違う都市の公空間の奥行きを感じたのはこの頃である。

その後中条町史に関与したものの、それ以外の地域史編纂からは距離を置いていたところへ六日町史を手伝って欲しいとの依頼があった。直ちによみがえったのは、大学院の時の旧五十沢村調査のことである。何か義務のような感覚にとらわれ、二〇〇三年から手伝いはじめた。南魚沼郡は温泉とスキーで知られる地域で、首都圏に近いだけに新潟市や長岡市とはちがう雰囲気が感じられる場所である。たしかに越後街道の宿場町として栄えた六日町には、興味をそそられる何人もの人物がいた。

六日町は両隣の塩沢町・大和町と合併して最近南魚沼市になった。町村合併の是非については本書でもとりあげているところであり複雑な思いがする。北越雪譜の著者鈴木牧之が住んでいた旧塩沢町には石打スキー場があり、ここで毎冬現代史ウインターセミナーが開かれた。先学・同輩・後輩と活発な議論を交わすことが出来た場所である。故人となった恩師を含め、お世話になった何人もの研究者の面々が頭をよぎるが、新たにこれらの地域の人々との交流も始まっており、万感の思いがする。

ということで思わず昔話になってしまったが、本書の成り立ちをお伝えするにはむしろよかったのかもしれない。それにしても公表が随分滞っていたのでは、とあきれられそうである。あちこち仕事が重なっていたという言い訳はなり立たず、ひとえに著者の怠慢であることをお詫びしたい。実は、調査にご協力いただきながらまとめていない課題がまだまだ積み上げられている。いつかはお借りしたツケをすっきり返したいと念じてはいる。行く先々で資料調査の便宜をはかっていただいた。快く資料を閲覧させていただいた当主の寛容、関連する貴重なお話を聞かせていただいた多くの方々の好意、行政機関や各種の資料保存機関、県市町村史の担当者などからのご援助によって、遅々としてではあるが何とか作業を続けることが出来たことに深く感謝したい。

本書の刊行にあたっては、知泉書館社長の小山光夫氏から多大のご支援をいただいたことにお礼したい。氏は本シリーズが発足するときに、豊富な編集経験からする知見をお示しいただいた羅針盤のような方でもある。また本研究をまとめるために直接・間接のご支援をいただいた新潟大学人文学部のスタッフに感謝したい。私たちの学部の自由闊達で創造的な空間なしには本書も生まれなかった。本研究叢書の編集を担う研究推進委員会の面々ともども、お礼を申し上げる次第である。

二〇〇八年三月

芳井研一

索　引

あ　行

か　行

さ　行

た　行

な　行

は　行

ま　行

や　行

ら・わ　行

芳井　研一（よしい・けんいち）
1948年石川県生まれ．一橋大学社会学部卒業．同大学院社会学研究科博士課程単位取得．博士（社会学）．新潟大学人文学部・同大学院現代社会文化研究科教授．日本近現代史・環日本海地域関係論担当．
〔著書〕『環日本海地域社会の変容――「満蒙」・「間島」と「裏日本」』（青木書店，2000年），『「日本海」という呼称』（新潟日報事業社，2002年）他．

〈新潟大学人文学部研究叢書　3〉

〔近代日本の地域と自治〕　ISBN978-4-86285-029-4

2008年 3 月26日　第 1 刷印刷
2008年 3 月31日　第 1 刷発行

著　者　芳　井　研　一
発行者　小　山　光　夫
印刷者　藤　原　愛　子

発行所　〒113-0033 東京都文京区本郷1-13-2
電話03(3814)6161　振替00120-6-117170
http://www.chisen.co.jp
株式会社　知泉書館

Printed in Japan　印刷・製本／藤原印刷

新潟大学人文学部研究叢書の刊行にあたって

社会が高度化し，複雑化すればするほど，明快な語り口で未来社会を描く智が求められます。しかしその明快さは，地道な，地をはうような研究の蓄積によってしか生まれないでしょう。であれば，わたしたちは，これまで培った知の体系を総結集して，持続可能な社会を模索する協同の船を運航する努力を着実に続けるしかありません。

わたしたち新潟大学人文学部の教員は，これまで様々な研究に取り組む中で，今日の時代が求めている役割を果たすべく努力してきました。このたび刊行にこぎつけた「人文学部研究叢書」シリーズも，このような課題に応えるための一環として位置づけられています。人文学部が蓄積してきた多彩で豊かな研究の実績をふまえつつ，研究の成果を読者に提供することを目ざしています。

人文学部は，人文科学の伝統を継承しながら，21世紀の地球社会をリードしうる先端的研究までを視野におさめた幅広い充実した教育研究を行ってきました。哲学・史学・文学を柱とした人文科学の分野を基盤としながら，文献研究をはじめ実験やフィールドワーク，コンピュータ科学やサブカルチャーの分析を含む新しい研究方法を積極的に取り入れた教育研究拠点としての活動を続けています。

人文学部では，2004年４月に国立大学法人新潟大学となると同時に，四つの基軸となる研究分野を立ち上げました。人間行動研究，環日本海地域研究，テキスト論研究，比較メディア研究です。その具体的な研究成果は，学部の紀要である『人文科学研究』をはじめ各種の報告書や学術雑誌等に公表されつつあります。また活動概要は，人文学部の Web ページ等に随時紹介しております。

このような日常的研究活動のなかで得られた豊かな果実は，大学内はもとより，社会や，さらには世界で共有されることが望ましいでしょう。この叢書が，そのようなものとして広く受け入れられることを心から願っています。

2006年３月

新潟大学人文学部長
芳 井 研 一